# Selvrefleksion

# Selvrefleksion

*Om at finde ro, livsglæde og kærlighed
– og finde hjem*

Skrevet me
Rikke P

© 2020 Rikke Rose Rasmussen

Redaktion: Rikke Rose Rasmussen & Margot Bache
Korrekturlæsning: Rikke Rose Rasmussen
Billeder: Stefan Tomaszovits og Rikke Rose Rasmussen (private billeder)
Omslag: Eckhard Neuhoff

Forlag: BoD – Books on Demand, København, Danmark

Tryk: BoD – Books on Demand, Norderstedt, Tyskland

ISBN: 978-8-7430-2774-4

1. udgave

gens indhold er ikke baseret på videnskabelige studier men udelukkende på
ns egne erfaringer. Anvendelse af bogen kan på ingen måde erstatte et behov
læge- eller psykologhjælp.

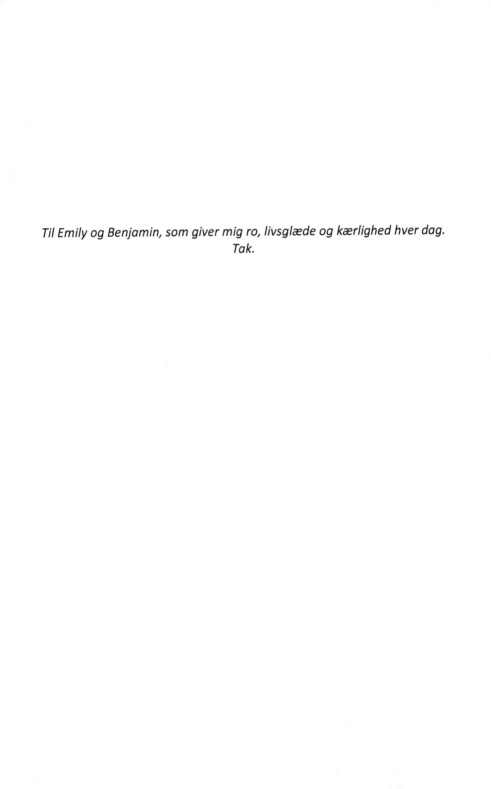

*Til Emily og Benjamin, som giver mig ro, livsglæde og kærlighed hver dag.
Tak.*

*Kære du.*

*Hvor er det hyggeligt, at du er her! Denne bog har fundet vej til dig for at hjælpe dig med at finde ro, livsglæde og kærlighed – og finde hjem. Vejen derhen er unik for hver af os. Bogen giver ingen svar, for de spørgsmål, som den stiller, har slet ingen universelle løsninger. Du bærer dine svar i dig, og bogen er en måde at finde frem til dine helt personlige svar på.*

*Selvrefleksionsbogen inspirerer, pirrer og provokerer dig kærligt til at gå på opdagelse og tage en ærlig snak med dig selv for at komme helt tæt på det, der udgør dig, dine værdier og dit liv. Bogen arbejder på flere forskellige sanseniveauer, og gennem en blanding af billeder, spørgsmål, skriveoplæg, visuelle rejser, eventyr og korte citater kommer du med på en rejse rundt i dit univers. De visuelle rejser bruger fantasiens kraft og fine formuleringer til at skabe nogle billeder for dit indre øje, som du kan træde ind i, og i denne fantasiverden opfordres du kærligt til at tage masken af og være ærlig.*

*Du bestemmer helt selv, hvor dybt du vil gå. Brug bogen som hyggelæsning til en alene-weekend i sommerhuset, som inspiration til en rødvinsaften med veninderne, til skriveterapi eller som en livsledsager, der bliver læst og brugt gang på gang, når du har brug for at vende hjem.*

*Hvis du har lyst, kan du fastholde din rejse i ord eller billeder, så de bliver til noget håndgribeligt i stedet for ren lommefilosofi. Køb dig en fin notesbog, som du kan skrive eller tegne i, når du føler dig inspireret, og skab derved din helt egen bog, der kommer til at handle om dig og dit liv.*

*Når du føler dig klar til at tage en dyb indånding, tage dig selv i hånden og starte på den rejse, som denne bog gerne vil være for dig, så ønsker jeg dig rigtig god tur. Må du være åben, nysgerrig og positiv over for alt det, der måtte ske undervejs. Nyd det hele! Sug til dig af nye indtryk! Se de flotte farver og mærk varmen! Gå ind i din indre have og find små skud af dejlig glæde, energi og lyst til at leve! Find hjem og find ro, livsglæde og kærlighed dér, hvor den er og hele tiden har været – i dig.*

*Kærlig hilsen* *Rikke*

# Indhold:

## FIND RO

# FIND LIVSGLÆDE

# FIND KÆRLIGHED

# FIND HJEM

# Sådan er bogen opbygget

Hvert af bogens fire kapitler – find ro, find livsglæde, find kærlighed og find hjem – indeholder forskellige afsnit. Hvert afsnit starter med en kort tekst, der inspirerer dig, tuner dig ind på temaet og skaber en fin ramme. I nogle af afsnittene finder du herefter en beskrivelse af en visuel rejse, som du kan tage på for at beskæftige dig med dine personlige oplevelser, ønsker, drømme og andet, der har brug for en fantasirejse for at komme op til overfladen, hvor du bedre kan mærke det og se det. Andre afsnit byder på refleksionsrejser med tankevækkende tanker og spørgsmål, der opfordrer dig til at reflektere lidt over dine værdier, dine holdninger og din måde at leve på. Disse afsnit er specielt gode, hvis du gerne vil bruge bogen som baggrund for en skriverejse, men du behøver ikke at skrive dine svar ned, hvis du ikke har lyst.

I hvert kapitel finder du også et lille, hyggeligt eventyr med et budskab, der passer til temaet, og kapitlet afsluttes med "Lidt at tænke over", som du kan bruge som yderligere inspiration til at skrive, som inspiration til en venindeaften eller hvad du nu får lyst til.

Iblandt alt dette finder du fotografier af steder i naturen. Små scener. Lommer af ro, inspiration og skønhed. Du kan lade disse billeder inspirere dig til at meditere, skrive eller blot lade tankerne flyve. På nogle af disse billeder står der et par kloge ord, som du kan tage til dig, og som måske også sætter noget i gang i dig.

Tilsammen skal alle disse elementer inspirere dig til at reflektere, mærke efter og få dig til at sætte ord på det, der er i dig, så du nemmere kan finde ro, livsglæde, kærlighed – og finde hjem.

# Sådan kan du bruge bogen

- Læs hele bogen igennem og tag derefter på første rejse i første kapitel.
- Læs bogen ét afsnit ad gangen og tag så på de rejser, der hører til afsnittet.
- Læs de afsnit, der tiltaler dig mest lige nu. Tag på de rejser, der lyder mest spændende.
- Vælg et tema, læs afsnittet og lad det virke og brede sig i dig i et stykke tid. Drag så af sted på de rejser, der hører til afsnittet, når du føler dig klar.
- På din helt personlige måde, som er anderledes end mine ideer og forslag.

Hver gang du læser ordet "skriv", så kan du selvfølgelig i stedet vælge at male, tegne, forme i keramik, filme eller på anden måde udtrykke din inspiration. Jeg nævner bare kun denne ene metode for ikke at skulle remse hele listen op hver gang. Du kan selvfølgelig også vælge kun at tænke over spørgsmålene i rejserne og slet ikke gøre noget praktisk med dine svar.

Du kan indtale de visuelle rejser på din mobiltelefon og lytte til dem, imens du ligger eller sidder med lukkede øjne. Du kan også læse dem igennem et par gange, indtil du kan huske dem, og så fremkalde dem for dit indre blik, når du er klar til at tage på rejse.

Hvis du vælger at skrive, kan du gemme dine skriverier og bruge dem senere:

- Du kan skabe dit helt eget livsværk og din helt personlige bog om dig.
- Hvis du skriver nu og igen om et stykke tid, kan du sammenligne dine skriverier om de forskellige temaer og se udviklingen i dig, i dine perspektiver og i dit liv. Du vil blive overrasket over alt det, der sker...
- Du kan skabe dine helt egne dagbogsrammer med denne bog ved at vælge dine yndlingstemaer og gøre dem til inspirationsbasen for dine daglige morgen- eller aftenskriverier.

# Sådan gør du dig klar til din visuelle rejse

Når du gerne vil tage på en visuel rejse, så er det en god idé at starte med at skabe et dejligt, roligt og uforstyrret sted både omkring dig og inde i dig. Find et sted at sidde eller ligge, hvor du ikke bliver forstyrret af andre eller andet, og hvor du føler dig godt tilpas. Det kan være et sted i dit hjem, i haven, i naturen eller et helt andet sted, som kalder på dig. Brug lidt tid, inden du tager på den første visuelle rejse, til at finde dit helt specielle sted. Hvis du er hjemme hos dig selv, kan du tænde et stearinlys eller en duftlampe, og du kan sætte lidt stille musik uden sang på.

Når du så er på dit ydre sted, så er det tid til at skabe et roligt sted i dit indre. Det kan godt være lidt svært, for vores tanker er ikke så nemme at lukke af for, men jo oftere du prøver, jo bedre vil det gå. Og de tanker, som dukker op undervejs, dem hilser du bare på, og så lader du dem flyve videre uden at skænke dem mere af din gode energi og din opmærksomhed. Sæt eller læg dig ned et sted, som føles behageligt. Sørg for, at der ikke er noget tøj, der strammer, lyde, der irriterer, eller noget andet, der kan distrahere dig i de næste 15-20 minutter. Hvis du er lidt kuldskær, så pak dig ind i et blødt, varmt tæppe. Læg så dine hænder på maven; venstre hånd over højre, for det betyder mod. Træk vejret dybt et par gange og koncentrer dig om intet andet end din vejrtrækning, indtil du føler dig rolig og afslappet.

Start den visuelle rejse ved at tænde for optagelsen på din mobiltelefon eller se det første billede af rejsen, som du har læst igennem et par gange først, for dit indre øje.

*Husk: Der er ikke noget rigtigt eller forkert på din rejse. Der vil ske præcis dét, som du har brug for lige nu, og vigtige budskaber, som kan hjælpe dig videre, vil komme til dig. Lad det ske. Vær modig og favnende over for de oplevelser, der venter dig på dine rejser. Og ja, du kan sagtens tage på samme rejse flere gange, for faktisk er gentagelser en rigtig god måde at komme i kontakt med sig selv på, fordi du vil kunne koncentrere dig mere og mere om det vigtigste ved rejsen – at komme helt ind til kernen i dig.*

# Sådan gør du dig klar til din refleksionsrejse

Refleksionsrejserne kan tage mange forskellige former. Hvis du vil bruge dem som en skriverejse, så kan du læse afsnittet på næste side igennem for at forberede dig. Hvis du derimod ønsker at bruge refleksionsrejserne til blot at sidde eller ligge stille med lukkede øjne og lade spørgsmålene og inspirationen flyde igennem dig og hjælpe dig med at finde ind til de svar, som er inderst inde, så er det også fint.

Uanset, hvordan du vælger at tage på refleksionsrejse, så er det igen vigtigt, at du finder et sted, hvor der er ro, og hvor du ikke bliver forstyrret. Tænd et par stearinlys, sæt noget stille musik uden sang på, pak dig ind i et lunt tæppe eller tænd op i brændeovnen. Sæt dig i haven, ude i naturen eller et andet sted, hvor du føler dig godt tilpas. Find ud af, hvor du bedst kan slappe af og bare være. Læs refleksionsrejsen igennem et par gange. Luk så øjnene og lad inspirationen komme til dig. Hvis der dukker forstyrrende tanker op, så hils på dem og lad dem flyve videre uden at skænke dem yderligere opmærksomhed. Bliv ved med at fokusere tilbage på det, du lige har læst, og fortsæt din refleksionsrejse. Prøv at blive i rejsen så længe som muligt – også hvis du synes, at der slet ikke sker noget, så bliv. Øv dig i at være i rejsen og lade oplevelserne komme til dig i deres eget tempo. Vær åben og fordomsfri. Lad være med at forestille dig, hvad der skal ske, og hvilke tanker, ord og svar du vil finde. Din sjæl har sandsynligvis nogle helt andre ting med i posen til dig. Lad dig overraske!

*Husk: Der er ikke noget rigtigt eller forkert på din rejse. Der vil ske præcis dét, som du har brug for lige nu, og vigtige budskaber, som kan hjælpe dig videre, vil komme til dig. Lad det ske. Vær modig og favnende over for de oplevelser, der venter dig på dine rejser. Og ja, du kan sagtens tage på samme rejse flere gange, for faktisk er gentagelser en rigtig god måde at komme i kontakt med sig selv på, fordi du vil kunne koncentrere dig mere og mere om det vigtigste ved rejsen – at komme helt ind til kernen i dig.*

# Sådan kommer du i gang med at skrive

Hvis du er vant til at skrive dagbog, digte eller måske endda noveller, så ved du allerede, hvor dejligt det er at sætte sig ned og åbne den første tomme side i en helt ny notitsbog eller et nyt dokument på computeren. Det er som om, at en helt ny, uberørt verden ligger der og simpelthen bare venter på dig – fuld af inspiration, indsigt, overraskelser og positiv energi – med masser af plads til alt det, der bobler inde i dig og gerne vil ud og ses og høres og læses.

Hvis du aldrig rigtigt har skrevet bare for at skrive, og hvis du tænker, at det nok har noget at gøre med dansk stil i skolen, så vær ganske rolig. Når du skriver her, så er det for din skyld – og kun for din skyld. Ingen skal læse det, der er intet rigtigt eller forkert, og du kan skrive præcis, hvad du vil, som du vil, når du vil, og hvis du vil. Du kan skrive positive ting, du kan skrive ting, der gør ondt, du kan skrive hemmeligheder og alt det, som du har båret rundt på, ud af dit sind og ud af din krop. Det eneste du skal, er ikke at skulle noget. Lyder det ikke dejligt?

Ligesom ved de visuelle rejser er det vigtigt, at du forbereder dit ydre og dit indre lidt, inden du begynder at skrive. Dit ydre er det sted, hvor du skriver, og det du skriver på eller i. Vælg et sted, hvor du føler dig tryg, uforstyrret og tilpas. Det kan være hjemme, ude i haven, i naturen eller et helt andet sted. Prøv dig lidt frem og tænk utraditionelt. Det kan godt være, at du finder ud af, at ungernes legehus er et inspirerende sted at skrive, eller at du får mest ud af skriverejserne siddende med ryggen op mod det gamle egetræ oppe i skoven eller på en bænk ved havet. Vælg noget smukt til at opbevare dine skriverier i. En ekstra fin notesbog og en fin kuglepen er altid en god idé. Hvis du skriver på computeren, så vælg en baggrund til dokumentet, som er flot og inspirerende.

*Husk: Der er ikke noget rigtigt eller forkert, når du skriver. Det er lige meget, om der er stavefejl eller skæve formuleringer, masser af kommaer eller slet ingen. Du kan skrive med rødt, grønt eller blåt, og det, som du skriver,* behøver ikke at give mening. Det er alt sammen helt ligegyldigt, for du skal hverken skrive en roman til udgivelse eller et fængende læserbrev. Du skriver til dig selv for din egen skyld. Det eneste, der er vigtigt, er, at du skriver det ned, der kommer til dig, og du vil kunne mærke, præcis hvad det er, når du prøver at blive mere opmærksom på dufte, lyde, farver, ord, fornemmelser, kroppens tegn og alle de andre kanaler, som åbner sig op for dig, så du kan modtage budskaberne. Vær modig og åben, og skriv løs!

## Rigtig god rejse!

# Find ro

Ro.....hvad betyder det for dig?

Ro er måske stilhed omkring dig eller i dig. I dit hoved, i dit hjerte. En stilhed, der bygger på, at du har tillid til, at livet går sin gang, som det nu engang skal, og at du ikke konstant behøver at holde øje med, hvordan det hele udvikler sig. Du lader tingene ske. Du giver slip. Du glæder dig i nuet og har ingen store forventninger til, hvad der skal ske. Det er en dejlig ro, der slukker for de uendeligt mange tanker og bekymringer, der ellers gør dig lidt ør i hovedet.

Ro er måske også den rare tilstand, som du opnår, når du tør at være dig selv i stedet for at spille teater og prøve på at være noget, som du inderst inde ikke er. Sådan en ro giver en indre styrke, der hjælper dig med at stå fast i stormvejr, og samtidig giver den dig en afslappet holdning til livet. Der er ikke noget, du skal nå. Du ved, hvem du er, og hvad du står for, og du har fokus på dét, der gør dig glad. Du prioriterer dét, som er vigtigt for dig, og som giver dig positiv energi. Og så vælger du bevidst ikke at ville kende alle svarene men derimod at tage tingene, som de kommer – åbne armene og favne hele livet med alle dets facetter.

Du kan finde ind til denne vidunderlige ro ved at slutte fred med din fortid, din modstand og dine grublerier og i stedet bestemme dig for at tage ansvaret for dit liv (tilbage) og tænke positive tanker. En billet til Roens Rige koster ikke så meget – men der er få af dem i denne vilde verden. Skal en af dem være din?

# Et liv uden svar

## - Kunsten ikke at ville forstå alt

Hvad er det, du prøver at forstå?

Du opdrages til at mene, at viden er vigtig, og at uden den kommer du ingen vegne...faktisk bliver du aldrig til noget, hvis du ikke ved. Du læser bøger, går til foredrag, snakker med veninderne og øver dig i at forstå dig selv, være forstående over for andre mennesker og forstå de sammenhænge, som du befinder dig i. Du analyserer, tænker, vender og drejer for at forstå. Måske bruger du masser af penge og tid på at lede efter den endegyldige forståelse, din personlige opfattelse af livet og det, der sker i dit liv og rundt om dig. Men måske er det eneste, som du virkelig har brug for at forstå, at tingene er, som de er – uanset, om du forstår dem eller ej?

Din (følte) forståelse ændrer ingenting – ej heller din eventuelle accept af de ting. Forståelse er måske ikke andet end en ubevidst kamp imod det, der er. Et forsøg på at få tingene til at passe bedre til dine forventninger og forestillinger. Eller til de andres forventninger og ønsker og kasser, som du gerne skulle passe ned i. At ville forstå kan også skjule et ønske om, at visse ting er anderledes, end de er, eller synes at være.

Du behøver ikke at forstå. Du behøver kun at acceptere, at tingene er, som de er. Når du holder op med at prøve at forstå især de svære perioder i dit liv, dine udfordringer, dine tab og de mennesker, der sårede dig, så holder de oplevelser op med at jage dig nu og fremover, fordi de bliver mindre vigtige. Hvis du ser på disse oplevelser som en person, der sidder og ser en film, og ikke absolut skal forstå, hvorfor han sagde dét, og hvorfor hun gjorde sådan, så trækker du dig selv ud af en opslidende proces, der aldrig ender, og som ikke fører nogen vegne hen.

Så snart du har fået slukket for alle disse travle tanker og natlige analyser, vil du mærke, at din krop, din sjæl og dit hoved finder ind til noget meget vigtigt....ro. Ikke at ville vide giver ro.

# Tag på refleksionsrejse

- Hvordan påvirker det dig, når du bruger tid og energi på at prøve at forstå?
- Hvad ville der ske, hvis du nu prøvede at holde op med at ville forstå?
- Er der mennesker i dit liv, som synes at leve livet lettere, fordi de ikke går så meget op i at ville forstå alting? Har du mon lyst til at lære af dem?
- Hvordan ville det føles bare at gå igennem livet uden at forstå alting?
- Tør du at prøve at trække på skuldrene, næste gang der sker noget i dit liv, som plejer at være en udfordring for dig? Tør du blot at sige "Pyt med det"?

# Livets skole
## - Tænk, hvis ikke...

Forestil dig, at vi alle går i Livets Skole. Nogle går i første klasse, andre går i femte, og andre igen går i niende og er snart færdige. Vi er alle sammen i gang med at lære om livet på hvert vores klassetrin. Lektionerne kommer til os gennem de mennesker, der kommer ind i vores liv og lærer os noget, og deres lektioner kan være blide og nemme eller hårde, langvarige og smertefulde. Men fælles for dem alle er, at de er vigtige personer med vigtige budskaber til os. Uden disse mennesker kan vi ikke lære noget.

Hvis du kan lide denne tanke om Livets Skole, kan du bruge den til at se på alle de mennesker, der har været eller stadig er i dit liv, med nye, positive øjne. Dem, som du værdsætter og er glad for at have i dit liv, er du sikkert allerede taknemmelig for. Dem, som du ville ønske, at du aldrig havde mødt, kan du lære at værdsætte og være taknemmelig for ved at huske på, at de mennesker kom ind i dit liv for at aflevere et vigtigt budskab til dig. Hver eneste person og hver eneste begivenhed i dit liv var og er vigtig, fordi de er skræddersyede til dig, og fordi du ikke ville være den underfundige, spændende, kærlige og livskloge person, som du er, uden disse erfaringer og denne lærdom.

Tænk, hvis ikke...

Er der begivenheder i dit liv, som var skelsættende for dig? Er der mon et bestemt menneske, der har været med til at forme dig eller har inspireret dig til at gå den vej, som du går? Tænk, hvis ikke den person var landet i dit liv. Så var tingene nok gået helt anderledes, og du ville have været et andet sted i dit liv end der, hvor du er lige nu. Og ja – også de personer, som har såret dig, er vigtige, for de lærer dig lige så meget om dig selv, som de mennesker, der bringer dig glæde og positiv energi. Livets Skole er ikke kun frikvarterer, fodboldspil i gården og lejrskole, men også svære prøver og eksperimenter.

# Tag på refleksionsrejse

Prøv at se tilbage på dit liv helt tilbage fra den tid, hvor dine første minder stammer fra. Tænk tilbage på begivenheder og personer fra dengang, du var barn, og fortsæt gennem teenageårene, ungdommen og frem til i dag. Skriv navnene på alle de mennesker, der har spillet og måske stadig spiller en rolle i dit liv, ned, og beskriv hvad de helt præcist har lært dig. Måske skriver du "Min søde mormor lærte mig, at livet kan leves lettere med et godt grin, en god kage og et stort knus." Eller "Jette lærte mig, at man ikke kan vide sig sikker på en person, som ikke er sikker på sig selv." Prøv at formulere det, som du har lært, på en positiv måde ved at huske, at også de hårde lektioner er vigtige for dig.

Du får nok brug for mange sider...

Når du synes, at du er færdig med at skrive, så tag en dyb indånding og læs dine skriverier igennem. Tag dig god tid til at dvæle ved hvert menneske og se hver eneste lektion som noget absolut vigtigt og livsformende – som en essentiel side i din helt egen Livets Bog. Uden disse mennesker var din Livets Bog ikke blevet til det fantastiske livsværk, som det virkelig er! Det er denne tanke, som du kan bruge til at fremelske den rare følelse af taknemmelighed, og sig så tak til alle disse mennesker, som er kommet til dig som dine læremestre, dine mentorer, din inspiration. Uden dem ville du ikke være dig.

# Når nogen går

## - Lev lettere uden forventninger

Er der en af dine kære, der bevidst er forsvundet ud af dit liv, uden at du ville det?

Det er nok en af de følelser, som vi har sværest ved at håndtere – følelsen af at være blevet forladt. Den følelse aktiverer vores urinstinkter, og vi sendes direkte tilbage til dengang, vi var helt små, og vi instinktivt søgte efter vores mor eller far for at blive holdt om, trøstet og passet på. Måske er du engang blevet forladt (læs: det var den følelse, du havde) af en af dine forældre, en søster eller en bror, din bedste veninde, din kæreste, din mand eller en anden person, der spillede en vigtig rolle i dit liv, og du havde den følelse, fordi det var den anden person, der tog beslutningen og gik. Du havde måske slet ikke noget at skulle have sagt og fik aldrig en chance for at forhindre, at den person forsvandt ud af dit liv. Du har vendt og drejet det, der skete, i dit hoved for at prøve at forstå og finde en god grund til, at din kære forlod dig. Måske har du bebrejdet dig selv eller taget skylden på dig, og sandsynligvis har du grædt mange tårer, tænkt mange triste tanker og følt dig som et offer. Muligvis har du prøvet af hele dit gode hjerte at tilgive det menneske og hans eller hendes beslutning om ikke længere at ville være en del af dit liv. Det kan også være, at du tog beslutningen personligt og søgte efter fejl hos dig selv og i dine handlinger. Og måske var du sur, skuffet og bitter...

Vend situationen om.

Prøv at se på situationen fra en anden vinkel.

Det handler ikke om, at du blev forladt, men om, at det menneske gik for at redde sig selv, fordi et eller andet i forholdet til dig eller i det menneskes liv som helhed ikke længere passede og ikke længere skulle være. Din kære kunne ikke gøre andet og tog den beslutning, fordi at gå så ud til at være den bedste løsning på det tidspunkt.

Din kære gik for at redde sig selv.

Her er problemet nok ikke, dybest set, at det menneske går og ikke længere er i dit liv, men at dine forventninger til, hvor længe han eller hun skal være en del af dit liv, ikke bliver opfyldt. Og hvis du nu tænker, at "han havde jo lovet at være hos mig, til døden os skiller...", eller "en mor kan da ikke forlade sit eget barn!", så er det nogle helt naturlige tanker, men glem ikke, at der ikke er nogen garantier i livet. Dine forældre, dine søskende, dine venner og den person, som du bliver gift med og forventer at skulle dele resten af livet med, kan til enhver tid forsvinde ud af dit liv ved selv at vælge det, eller hvis de bliver tvunget til det gennem sygdom eller en ulykke. Der er ingen garanti for, at dine kære er i dit liv længere end i dette enestående øjeblik. Så prøv at lægge alle disse forventninger væk og nyd de dejlige mennesker, som er i dit liv lige nu. Nyd dem uden at ville have mere, flere, længere. Vær taknemmelig, og lad være med at forvente noget...

Denne tanke får ikke smerten fra dengang til at gå væk, men du får måske nemmere ved at acceptere det, der skete, og dermed slutter du igen fred med din fortid og finder ro.

## Tag på en visuel rejse

Tænk på et menneske, som forsvandt ud af dit liv. Forestil dig, at du iagttager den person på afstand, imens han eller hun sidder i en lænestol med dybe furer i panden og funderer. Du ved ikke helt præcist, hvad det er, han eller hun tænker over, men du ved, at det er noget, der vil få konsekvenser for både personen selv og for dig. Personen i lænestolen udstråler usikkerhed, rådvildhed og ulykkelighed. Det er ikke nogen nem beslutning, der skal tages. Brug et øjeblik på at prøve at sætte dig ind i det menneskes situation, og prøv at mærke, hvordan han eller hun mon havde det på det tidspunkt. Gør dig selv blød og forstående og favnende, og prøv at mærke, hvorfor han eller hun tog den beslutning om at gå. Det betyder ikke, at du skal overbevise dig selv om, at beslutningen var i orden – bare prøv at mærke den for bedre at kunne acceptere den.

## Tag på refleksionsrejse

"Enhver er sin egen lykkes smed". Hvordan føles denne sætning i din krop? Hvis du omformulerer den til "Ethvert menneske ønsker blot at finde sin egen lykke", hvordan føles den så? Hvis det menneske gik, fordi han eller hun mente, at det var absolut nødvendigt for at blive lykkelig, gør det så beslutningen lidt mere menneskelig?

# Tillid

## - Ret kronen

Kender du den situation? Du står med livet i hænderne...en ny, lovende, positiv mulighed...du er glad og håbefuld...men så hvisker den velkendte stemme i dig: "Lad hellere være. Har du glemt, hvad der skete sidste gang? Vil du virkelig udsætte dig selv for dét en gang til?" Og så bakker du ud.

Dyb indånding.

Du glædede dig sådan over, at tingene endelig så lysere ud igen. Dine øjne var begyndt at stråle, og du mærkede en helt ny, dejlig, varm energi i hele kroppen. Det hele virkede så rigtigt og trygt. Tiden var inde til at tage næste skridt og vise dig selv og verden, at du mente det alvorligt og ønskede at være med helt og aldeles.

Alligevel bakkede du ud. Ærgerligt. Hvorfor? Lod du fortiden holde dig tilbage? Var du bange for at lade dig falde, fordi du sidste gang bare faldt og faldt uden nogensinde at blive grebet? Ville du beskytte dig selv imod flere skuffelser og sårede følelser?

Hvis du trækker dig fra nuet og siger nej tak til de vigtige øjeblikke, der måske er grundstenen til noget godt og givende i din fremtid, så giver du de mennesker og situationer, der sårede dig i din fortid, al magten over dig. Så har de vundet, og du har tabt. Så sidder du uigenkaldeligt fast i din fortid og i noget, som ikke eksisterer længere, i stedet for at være med i dit liv lige nu og her. Du ser dit liv køre forbi dig, men du stiger ikke på. Er det virkelig det, du vil?

Rejs dig op igen.

Uanset, hvad du har oplevet i dit liv, så er det forbi. Alle disse oplevelser ligger bag dig. De kan ikke længere nå dig eller påvirke dig, for de er overstået – med mindre du tillader, at den angst, som de fremkaldte i dig dengang, får lov til at holde dig i et jerngreb og bestemme over dig i dag.

Med mindre du tillader, at fortiden afholder dig fra at leve og skabe din fremtid.

Ret kronen.

Bestem dig til – lige nu! – at have tillid. Hav tillid til, at alt er godt. Hav tillid til, at denne nye chance, dette øjeblik, denne person, dette nu mener det godt og vil dig det bedste. Bestem dig til at smile, sige ja, gribe chancen med begge hænder...og prøve igen.

Og gå så videre. Ret kronen som kun en prinsesse, der nu er blevet kronet til dronning, kan gøre det.

## Tag på en visuel rejse

Hvis du engang har oplevet en situation, der gjorde ondt, satte dybe spor i din sjæl og gjorde det svært for dig at have tillid til andre mennesker, så har du sandsynligvis også haft nogle intensive følelsesmæssige reaktioner på den situation. Det er naturligt og menneskeligt, og de følelser er vigtige, fordi de kan lære dig noget. De er en del af dig og dit liv, og derfor er det en god idé at være opmærksom på dem og favne dem. Det betyder dog ikke, at de skal have lov til at definere dig eller holde dig fanget i noget negativt, der skete engang. Hvis du mærker, at du hænger fast i de gamle følelser og egentlig gerne vil af med dem, så kan du prøve at skrive din livshistorie om. Du kan tænke tilbage på situationen, mærke følelserne fra dengang – og så bevidst skrive en anden slutning eller forestille dig, at du reagerer anderledes, end du i virkeligheden gjorde. Du kan skrive en slutning, der hjælper dig med at forholde dig til det, der skete, på en måde, som du bedre kan leve med, og så komme videre. Lægge det bag dig. Sige tak for dét, som du lærte, og så give slip.

Luk øjnene og rejs tilbage til det øjeblik, hvor du fik den besked, der gjorde så ondt. Hør ordene eller se det, du så, igen. Stop filmen her. I næste scene i Livets Film brød du grædende sammen, skreg du i raseri, besvimede du af skræk eller sad du forstenet og stirrede tomt ud i luften. Skriv en anden scene lige nu. Start filmen igen. Forestil dig, at du er i situationen. Træk vejret dybt. Lad alle de følelser, der opstod dengang, flyde igennem dig igen, hvis de vil, og tag imod dem som den naturlige og menneskelige reaktion, de er. Men i stedet for at lade dig overvælde, så prøv i stedet helt bevidst at bestemme dig for at acceptere, at tingene er, som de er. I stedet for at kæmpe imod noget, som du ikke kan ændre, accepterer du det, der er sket. Du siger din mening – noget, som du måske ikke fik gjort dengang, i virkeligheden – og du giver dine følelser frit løb, så de får plads og respekt. Råb og skrig, græd eller hvad der nu føles rigtigt. Rens ud i dit indre. Få det hele sagt, luk det hele ud. Herefter forlader du situationen. Du rejser dig og går ud af scenen. Retter ryggen. Går videre ud ad den vej. Du kan godt. Du skriver selv din livshistorie, og du bestemmer selv, om hovedpersonen skal leve eller dø.

## Tag på en visuel rejse...igen

Forestil dig, at du går en tur i skoven. Luften er lun, det er forår, og fuglene synger om håb og nye begyndelser. Du kommer til en lysning, hvor der står et træ i midten. Du fornemmer, at det er et specielt sted og et helt særligt træ. Det er det også. Det er Tillidens Træ. Din intuition tog dig med hen til dette nærmest magiske sted, hvor du kan hente ny inspiration, slå nye rødder og finde styrke.

Hvis du har lyst, kan du sætte dig med ryggen op mod træet. Du kan også sidde på en sten i udkanten af lysningen, hvor du kan se træet i sin fine helhed.

Du tager skoene af og planter fødderne solidt på jorden. Du kan mærke, hvordan træets lange rødder banker som et stort hjerte under dine fødder og sender deres energi ud til dig. Grenene vejer svagt i vinden, og hver bevægelse sender et løfte om kærlighed og tillid ud i luften – den luft, som du indånder og fyldes af. Bladene på træet er så smukke, grønne og lige så mangfoldige som livet selv. Du er helt stille nu, og pludselig hører du bladenes hvisken. De siger til dig, at intet varer evigt, men at man kan stole på, at livet går sin gang, som træernes blade vokser sig store og grønne for derefter at blive brune, falde til jorden og lade træet gå i vinterhi, inden de næste blade vokser frem året efter. De hvisker: "Hav tillid til, at alt er godt, som det er lige nu. Alt er, præcis som det skal være. Alt er godt."

Du hvisker en stille tak til bladene for deres smukke budskab. Så rejser du dig op, ser dig om en sidste gang og går så væk fra lysningen og ud af skoven. Du går langsomt, i taknemmelighed, i ærefrygt. Og i tillid.

Hvis du har lyst, kan du gå en tur ud i skoven og vælge dit helt særlige træ, som du kan omfavne, hver gang du går forbi. Sådan et træ-knus kan give dig en dejlig følelse af ro, jordbundenhed og sikkerhed. Prøv det...

# Grublerier
## - Lig på ryggen i Livets Flod

Er du en, der grubler meget? Har du svært ved at få dine tanker til at falde til ro – især om aftenen, når du skal sove?

De fleste af os grubler, og mange af os grubler rigtig, rigtig meget. Vi tror, at hvis vi bare tænker længe nok over et problem, et dilemma eller en forestående beslutning, så finder vi frem til den allerbedste løsning. Tit tænker vi dog så længe, at tankearbejdet bliver mere og mere omfattende. Nogle gange tænker vi så dybdegående, at disse tanker – der tit er belagt med negativ energi – sætter sig fast i kroppen, og så får vi ondt i ryggen, migræne, eksem eller endda kræft. Tankernes kraft er meget, meget stor.

Tit er det dog sådan, at et problem eller dilemma løser sig selv i tidens løb, og så ærgrer vi os over at have brugt så megen tid og energi på det.

Hvis du i stedet tør at lade livet gå sin gang og bare ligge og flyde i Livets Flod, uanset hvor den tager dig med hen, så slipper du for de fleste grublerier, for det er din modstand imod det, der sker i dit liv, der sætter gang i dem. Det handler om at turde at give slip på tøjlerne og droppe forventningerne til, hvordan dit liv skal udforme sig, og hvordan menneskene omkring dig skal opføre sig. Det drejer sig om at acceptere det, der sker. Så snart du føler dig utålmodig, utaknemmelig, irriteret og stresset over, at tingene "går dig imod", så ved du, at du går imod strømmen i Livets Flod – og dét er hårdt arbejde! Især, hvis du står midt i en meget stærk strøm i en å, en flod eller måske endda i et hav. Livet vil have dig med i en bestemt retning, og selvom du ikke umiddelbart forstår hvorfor, eller måske ønsker at gå i den modsatte retning, så er det en god idé at lade strømmen trække dig med, for Livets Flod er stærk og vinder altid. Og den har altid en god grund til at sende dig derhen, hvor du ender, når den nænsomt sætter dig af ved bredden på det helt rigtige sted...

## Tag på refleksionsrejse

- I hvilke situationer i dit liv har du modarbejdet det, der skete?
- Hvornår har du virkelig haft succes med at stoppe en uønsket udvikling i dit liv på en måde, som du bagefter var tilfreds med og glad for?
- Hvad gør grublerierne ved din krop?

## Tag på en visuel rejse

Forestil dig, at du vader ud i en å, en flod eller i et stille hav. Solen skinner, og der er stille omkring dig. Læg dig på ryggen i vandet og lad dig flyde med strømmen. Vandet holder dig oppe, så du kan slappe af. Forestil dig, at du glæder dig til at finde ud af, hvor strømmen mon tager dig med hen, og mærk nysgerrigheden sprede sig som en varm solstråle i din mave. Sig til dig selv, at du nu kan slippe dine bange anelser, dine problemer, din angst for at miste og dit behov for at styre hverdagen, for Livets Flod passer godt på dig og tager dig med derhen, hvor du skal være, og hvor næste kapitel i din Livets Bog skal skrives. Lad tingene ske!

Hvordan føles det, når du giver slip og bare flyder?

# Ordets magt
## - Ryd op i din tankehave

"Ordets magt" er meget mere sigende, end du måske tror. Ord påvirker dig, dine stemninger og dine beslutninger meget mere, end godt er. Ord kan skabe ro, glæde, håb og fremskridt men også fortvivlelse, usikkerhed og tristhed. Ord kan styre dig og få dig til at glemme, hvem du er. Ord kan gøre ondt og blive til sygdom. Ord kan flytte de bjerge, som troen aldrig når ud til, men til steder, hvor de falder sammen i stedet for at vokse ind i himlen. Ord kan skabe ro i dig...eller kaos.

Hvis du siger til dig selv, at du er bange for at miste, så er du bange for at miste. Hvis du fortæller dig selv, at du endnu ikke har givet slip på alt det gamle og derfor ikke er ankommet helt i dit nye liv, så passer det. Hvis du forklarer din veninde, at du savner det, der var engang, så savner du det stadigvæk. Og hver gang du minder dig selv om alt det, der skete, så giver du netop de situationer magten over dig. Du vækker spøgelserne til live igen og forhindrer dem i endelig at forsvinde ud i mørket for altid.

Hvordan ved du, at det, som du siger til dig selv, er sandt? Det kan du ikke vide. Men du får dig selv til at tro på det og adoptere det som et uløst problem, der forhindrer dig i at nyde alt det gode, som du har i dit liv nu. Gad vide, hvem der har plantet de tanker og overbevisninger i dit smukke hoved? Er det mon dig selv? Og hvis ja, var det så med vilje? Hvorfor?

Egentlig er alt det, som du siger til dig selv, ikke andet end sætninger lavet af ord, som består af bogstaver.

Tænk engang...du har søvnløse nætter på grund af nogle bogstaver...!

Den magt, som de har, er noget, som du giver dem. Alene har de absolut ingen magt og ingen betydning. Men du har valgt at tage disse ord til dig og lade dem være en del af dig.

# Tag på refleksionsrejse

Prøv engang at høre rigtig godt efter, hvad du siger og tænker. Mærk efter, hvad forskellige ord gør ved dig. Prøv også at lægge mærke til, hvad de samme ord gør ved dine nærmeste. Prøv både at finde ord, der giver dig energi og gør dig glad og rolig, og ord, der trækker i den anden retning.

De ord, der ikke gør noget positivt for dig, skal du ikke bruge længere.

Mærk efter, hvordan disse ord påvirker dig:

Altid

Aldrig

Måske

Hvad nu, hvis...

Hvis bare...

Umuligt

Unormalt

Usandsynligt

Nej

Ja

Doven

Stress

Jeg glæder mig, til...

Fortsæt selv listen. Hvad siger din mavefornemmelse dig? Er det et sundt, nærende og hjælpsomt ord for dig? Eller bliver du nervøs i maven af det?

## Tag på en visuel rejse

Luk øjnene og forestil dig, at du går ind i en have. Det er din tankehave, hvor alle dine tanker bor og gror. Sæt dig i den hvide, gamle fletstol midt i haven. Sid helt stille og lad haven virke på dig. Se det, der gror. Lad duftene komme til dig. Sug dem ind uden at tillægge dem en værdi eller betydning. Kig dig omkring...langsomt. Læg mærke til hver eneste lille del af din tankehave...farverne, placeringen, indtrykket, sammensætningen.

Lad alt det, der gror, komme til dig. Smil og åbn dig.

Måske får du lyst til at række hånden ud og røre ved det, der gror ved siden af din fletstol. Hvis der er noget spiseligt i din tankehave, får du måske lyst til at smage på det. Når du er klar, så lad alle disse indtryk samle sig i dig til en følelse af, hvordan det er at være i din tankehave. Lad enhver følelse komme til dig, tag imod den og byd den velkommen. Føler du dig godt tilpas i din tankehave? Føler du dig hjemme i dine egne tanker? Bringer de dig glæde, inspiration, trøst og liv? Finder du ny, smuk næring og energi, når du sidder i din tankehave?

Hvis du er glad og tilfreds i din tankehave, så er den resultatet af dit arbejde med at plante, så frø, rive ukrudt op, løsne jorden, klippe døde grene af og skabe et rum, der passer til dig. Nyd din tankehave og vær taknemmelig.

Hvis du føler, at du har brug for at lave lidt om på din tankehave, så gør det. Tag fat om ukrudt og tanker, som du ikke ønsker, sig tak fordi de kom forbi for at lære dig noget, ryk dem op og læg dem i kompostbunken, hvor de kan blive til nye tanker efter et stykke tid. Plant en smuk plante, en busk eller et træ dér, hvor ukrudtet var, eller lad jorden ligge åben hen – parat til hvad end, der måtte komme engang.

Plej din tankehave. Se på hvert eneste hjørne, hvert eneste lille bed, hver eneste tanke. Se ikke væk, hvis der er noget, som du ikke bryder dig om i haven. Tværtimod – hils tanken velkommen og find ud af, hvorfor den er landet i din tankehave. Enhver tanke har et budskab, og enhver have er levende, foranderlig og farverig.

# Et lille eventyr...

...som gerne vil minde dig om, at alt er godt, som det er, og at du er vidunderlig, fordi du er dig.

## Dovendyret

Der var engang et dovendyr, der boede i en tæt regnskov sammen med en masse andre dyr. Dovendyret var glad for at være et dovent dyr, der brugte dagen på at dovne, spise, ja, og så dovne lidt mere. Fra sin yndlingsgren i midten af det største træ ved lysningen kunne dovendyret hænge og betragte de andre dyr. Frøen, der hoppede, fuglen, der fløj, ormen, der kravlede, og sommerfuglen, der fløj fra blomst til blomst og fra træ til træ. Dovendyret havde boet i det samme træ hele sit liv, og det var den ganske godt tilfreds med. På det sidste var det dog begyndt at tænke lidt over livet som sådan, og det var fordi, at det var forelsket. Ja! Sørme så! Dovendyret havde forelsket sig i den lille, søde Frøken Sommerfugl, som altid var så glad og rørig og med stor begejstring fortalte om alt det, som hun oplevede på sine flyveture rundt i den store regnskov. Dovendyret var ikke helt sikker på, om Frøken Sommerfugl også var forelsket i ham, men en dag tog han mod til sig og spurgte hende: "Søde Frøken Sommerfugl. Jeg synes, at du er så dejlig. Hvis jeg nu blev lige så hurtig til at bevæge mig, som du er, ville du så gifte dig med mig?" Frøken Sommerfugl smilede sødt til dovendyret og plirrede med sine lange, buede øjenvipper. "Ja, kære dovendyr, jeg vil meget gerne gifte mig med dig!" Aldrig havde dovendyret været så lykkeligt! Men så kom det i tanker om, hvad det havde lovet, og blev straks helt fortumlet. Hvordan skulle det dog nogensinde blive lige så hurtigt som en sommerfugl? "Åh nej!", tænkte det. "Hvad har jeg dog gjort?" Dovendyret grublede og grublede. Så fik det en idé. Det havde engang set, hængende i sin gren, hvordan drengen fra det lille hus i regnskoven var kommet til at sætte sig på pindsvinet, som lå gemt i en stak blade. Drengen var sprunget op med et skrig og var løbet hjem i en sådan fart, at bladene var blæst ud i alle verdenshjørner. Dovendyret kravlede langsomt ned til jorden og spurgte pindsvinet, om det ikke nok ville stikke en af sine lange pigge ind i dovendyrets numse. Pindsvinet så forundret på sin gæst men indvilligede i at prøve. Ak og ve. Pindsvinet stak og stak, men dovendyret mærkede ikke andet end noget, der kildede lidt, og hurtigt – dét blev det i hvert fald ikke.

Dovendyret var meget trist i to hele dage, men så fik det en ny idé. Måske ville det blive hurtigere, hvis det ikke var så tungt! Pelsen måtte af! Dovendyret slæbte sig hen til den nærmeste kaktus og gnubbede sig op ad den, indtil al pelsen var røget af. Uha, det så lidt mærkeligt og bart ud nu, det dovendyr, men hvad gør man ikke for kærligheden? Dovendyret tog tilløb og glædede sig til at drøne op ad træstammen i fuld fart...men det var præcis lige så langsomt som før. Altså havde det ikke hjulpet noget at komme af med den pels.

De næste tre dage tilbragte dovendyret med at sidde på sin gren og gruble. Frøken Sommerfugl kom og spurgte, hvor al pelsen dog var blevet af, og om der var noget i vejen, men dovendyret ville ikke fortælle hende om sine kvaler. Endelig fik det endnu en god idé. Det havde jo tit set, hvordan aberne svingede sig fra gren til gren og fra palmeblad til palmeblad. Måske kunne en abe hjælpe med at sætte fart i den palme, som dovendyret sad på, så det ville blive slynget af sted ud i luften? Den næste abe, der kom forbi, blev straks indviet i planen, og den sagde ja til at hjælpe. Dovendyret kravlede over på en palmegren med et stort blad på, aben trak hurtigt bladet ned mod jorden og gav så slip igen, men det eneste, der skete, var, at dovendyret faldt af og lå på ryggen nede i bunden af regnskoven. Det duede altså heller ikke. Slukøret kravlede dovendyret op på sin gren igen. Det var sikker på, at det ville blive nødt til at sige farvel til Frøken Sommerfugl, som så ville finde sig en anden kæreste, og at ingen ville have lyst til at gifte sig med et dovendyr.

Da Frøken Sommerfugl senere kom forbi og spurgte, hvornår brylluppet skulle stå, og om han syntes, at de skulle holde en stor fest, sagde dovendyret trist: "Søde Frøken Sommerfugl. Der bliver desværre ikke noget bryllup. Jeg kan ikke gifte mig med dig, for jeg kan ikke holde mit løfte til dig om at blive lige så hurtig, som du er, så vi kan rejse rundt i verden sammen." En lille tåre løb ned ad dovendyrets kind. Frøken Sommerfugl smilede sit søde smil og plirrede med de smukke øjenvipper. Så sagde hun: "Kære dovendyr. Jeg har da aldrig bedt dig om at blive hurtigere. Det var noget, som du selv fandt på. Måske noget, som du troede, at jeg ønskede mig af dig. Men jeg elsker dig, præcis som du er, kære dovne, langsomme dovendyr, og jeg vil gerne giftes med dig, fordi du er dig." Dovendyret måtte tænke sig om et øjeblik, inden den forstod, hvad Frøken Sommerfugl havde sagt, og så smilede det sit største smil nogensinde. "Mener du virkelig det?", spurgte det, og Frøken Sommerfugl svarede med et kys.

Få dage senere holdt dovendyret og Frøken Sommerfugl stort bryllup for alle regnskovens dyr, og de levede lykkeligt – og langsomt – sammen til deres dages ende.

## Lidt at tænke over

## Om ro

### Hvilken rolle spiller din fortid i dit liv?

- Hvordan har alt dit "arbejde med dig selv" ændret din fortid?
- Hvor meget fylder din fortid i dit liv nu?
- Hvorfor er du dér i dit liv, hvor du er lige nu?
- Hvilke fem ord beskriver bedst din fortid?
- Hvilken rolle spiller tilgivelse i dit liv?
- Hvordan har din fortid forberedt dig på det liv, som du lever nu?
- Hvad har du fortrudt i dit liv?
- Ville du gerne leve dit liv om?
- Hvem er skyld i, at det gik, som det gik?
- Hvorfor fuldførte du ikke de ideer eller planer, som du havde engang?
- Hvilken farve har din fortid?
- Hvis du skulle skrive en bog om din barndom, hvad skulle den så hedde?

### Hvad ønsker du dig af fremtiden?

- Hvilken rolle spiller du i udformningen af din fremtid?
- Hvad dagdrømmer du om?
- Hvilken farve har din fremtid?
- Hvilke hemmelige ønsker har du?
- Hvad venter du på?
- Hvordan føles det, når du forestiller dig din fremtid?
- Kunne du tænke dig at vide, hvornår du skal dø?
- Hvad ville du ønske dig, hvis en trold gav dig tre ønsker?
- Hvilke af dine aktuelle problemer kan måske løse sig selv med tiden?

*Drys en håndfuld guldstøv ud over din fortid
og lad den forvandle sig til et smukt minde…*

# Find livsglæde

Livsglæde...hvad er livsglæde for dig?

Livsglæde kan være at føle sig inspireret, kreativ eller nysgerrig. Livsglæden kan også boble frem i dig, når du kan mærke, at du ikke længere bærer rundt på en tung rygsæk fra din fortid, og at du formår at være til stede i nuet, være med i livet og glæde dig over de små ting i hverdagen. Livsglæde kan være en dyb og dejlig følelse af taknemmelighed over det, du har, de mennesker, som omgiver dig, og den kærlighed, som du basker i. Eller er livsglæde den forunderlige følelse af, at du kan gøre det, som du mest af alt har lyst til, og at du ved, hvordan du kan gøre dig selv glad?

Det kan være, at du føler en vidunderlig, inderlig livsglæde, når du mærker, at du er, præcis hvor du skal være i dit liv, og at du står støt og godt med begge ben på jorden. Det kan også være, at din livsglæde er allerstørst, når du mærker, at det er tid til forandring, og du tager næste skridt.

Uanset, hvordan du beskriver livsglæde, så skal du vide, at den er en af de vigtigste vitaminer i dit liv, og at et liv uden livsglæde reducerer dig til en maskine, der bare fungerer dag ud og dag ind. Livsglæde er den livseliksir, der holder dig kørende – også når himlen er grå. Det er glæden over at være til! Det er at mærke den positive energi, som livets gang bringer! Og så er det at huske at værdsætte den.

Pas rigtig godt på din livsglæde.

# Savn og længsel

## - Tørresnoren

"Det var så dejligt, dengang...". Du behøver ikke at være en bedstemor i gyngestol for at kende til den sætning. Den bruger vi alle og måske også uden at tænke over det.

Vi længes efter det, der var engang: Manden i vores liv, den dejlige veninde, den hyggelige nabo, det godt betalte job, det store hus, den trofaste hund, vores gode helbred....det kan være så meget. Det er en helt naturlig ting at savne og længes, og hvis du bruger den meget stærke energi, som afsavn og længsel faktisk er, på en positiv måde, så kan du også finde ind til en enestående dybde, ro og taknemmelighed i dig selv, som gør dig i stand til at værdsætte alt, hvad du har haft og oplevet, se tilbage uden at savne og samtidig glæde dig til alt det, der kommer.

Du har så smukke minder, og hvis du prøver at iagttage dig selv udefra, når du har de billeder i hovedet og i hjertet, kan du se, hvor glad og rolig du var. Hvor var du dog heldig at få lov til at opleve netop disse fantastiske øjeblikke! De gav dig så megen velvære, livsglæde, kærlighed og selvtillid, og når du én gang har oplevet disse følelser, så higer du efter mere – meget mere – for det er jo rare følelser.

Når de øjeblikke er væk, så føles det måske som en luftballon, der langsomt mister luften eller endda eksploderer med et højt brag. Og nu sidder du tilbage med de smukke minder – og savner. Det er svært at glædes over alt det fantastiske, der var, for savnet og længslen efter at opleve det igen overgår langt din evne til at glæde sig over noget, som var engang, men som ikke er mere.

Det, du ønsker dig af livet og fremtiden, er sandsynligvis farvet af det, du har oplevet. Du ønsker dig mindre af det triste og svære, og mere af det positive og dejlige. Måske ønsker du dig, at alt bliver, som det var engang. Det kan være, at du (ubevidst) har forvandlet alle dine smukke minder til forventninger til fremtiden. Mon de forventninger kan blive opfyldt? Kan du forelske dig i den samme person eller en, der er lige præcis magen til, én gang til? Kan du få et job, der er præcis som det, du havde? Kan du finde en god veninde, der er en tro kopi af hende, du havde engang? Nej. For ethvert menneske er unikt, enhver situation er unik, og ethvert øjeblik i dit liv er unikt. Hvis du kan acceptere det og prøve at undgå, at dine dejlige minder forvandles til forventninger, så er du fri og åben over for livets mangfoldighed og uendelige muligheder.

Se på dit liv som en enestående samling af dejlige øjeblikke, der hænger på en tørresnor. Du er enestående, fordi du er det eneste menneske på denne jord, der har netop den samling af øjeblikke, som du har. Og øjeblikke – dét er, hvad de er. De var smukke, og du gemmer deres farver, deres duft, deres glæde, deres følelse i dit hjerte. Du siger tusind tak til dem, tager deres budskaber til dig i taknemmelighed og tager dem så forsigtigt ned fra tørresnoren for at skabe plads til de nye minder, der vil komme fremover, og for at skabe plads i dit hjerte, så du kan være åben over for alt, hvad der måtte komme af chancer, mennesker og udfordringer.

# Tag på en visuel rejse

Forestil dig, at du har en hvid snor, hvorpå der hænger billeder af dine smukke øjeblikke.

Snoren er ikke så lang og i hvert fald ikke uendelig. Som tiden går, tager du billeder af dine gamle øjeblikke ned, kysser dem forsigtigt farvel, gemmer essensen af dem i dit hjerte og lægger dem ned i en lille kuffert. Kun sådan bliver der plads på snoren til nye billeder af smukke øjeblikke. Skab plads til mange flere, for det er jo dem, du lever for – dem, der giver dig energi, livslyst og mest af alt livsglæde.

Det er disse smukke øjeblikke – men også dem, der er svære, tunge og triste – der former dig og gør dig til den person, du er. Hvis gamle billeder fylder hele snoren, kan ingen nye komme til, og så er der ingen gnist og ny energi i dit liv.

Snup en blyant og et stykke papir og tegn din tørresnor. Hæng så tegninger af dine dejligste minder op. Hvor bliver den flot, den snor...

# Tag på refleksionsrejse

Det er blevet tid til at fejre de smukkeste, dejligste øjeblikke i dit liv...de mest spændende og usædvanlige oplevelser...de mennesker, der gjorde en forskel!

Mind dig selv om alt det fantastiske, som du har oplevet indtil nu, og fokuser på alle de mange, mange, mange positive og rare minder. Skriv en liste over de mest fantastiske øjeblikke! Et par ord om hvert øjeblik er nok – du vil opdage, at du får brug for mange stykker papir, og at når du starter helt fra starten og skriver alt det positive ned, som du kommer i tanker om, så er dit liv egentlig en dejlig historie med masser af solskin, livsglæde, nærhed og menneskelig værdi. Kan du huske dengang...?

# Taknemmelighed
## - Som ringe i vandet

Hvad betyder taknemmelighed for dig? Er du taknemmelig?

Noget af det største, som du kan opnå, er taknemmelighed – en følelse af at kunne acceptere og elske hver eneste detalje, scene, hvert eneste menneske, der har været eller er en del af dit liv. Taknemmelighed over det, der var skønt, smukt, sødt og dejligt. Taknemmelighed over det, der gjorde ondt, men som var med til at skabe netop den livshistorie, som du er i gang med at skrive, og som var nødvendige skub i den rigtige retning. Skub hen til flere uforglemmelige øjeblikke og unikke mennesker, der alle kom med et budskab og en lektion til dig. Taknemmelighed over at være til og at være blevet givet muligheden for at opleve, iagttage, mærke og være i livet, som det er på godt og ondt. Taknemmelighed over at være dig.

Hvis du prøver at forestille dig, at taknemmelighed er det modsatte af utilfredshed, så finder du pludselig ud af, at du får nemmere ved at føle dig tilfreds. I stedet for at vente på "det perfekte liv" og "det perfekte øjeblik", som mange gør, så prøv at være taknemmelig for de små ting i hverdagen – et smil fra et andet menneske, solskin, et saftigt æble, smukke roser i haven, en syngende fugl, et kram fra din gode veninde, en glad sang...der er masser af kilder til taknemmelighed, og du opdager dem garanteret, lige så snart du begynder at være opmærksom på dem. Taknemmelighed i det små får din higen efter noget bedre, større, mere eventyrligt eller mindre belastende til at mindskes eller forsvinde helt, og dermed kan du begynde at leve livet lige nu og her i stedet for at vente. Følelsen af taknemmelighed skaber lysere tanker, der spreder sig som ringe i vandet i dit liv.

Selv i svære tider kan du vælge at skabe et lille fristed, hvor du minder dig selv om det, som du er taknemmelig for i dit liv, og hver gang du besøger det fristed, kan du tanke ny energi og tage en pause fra alt det svære. Ja, det er noget, som du aktivt kan vælge. Det kræver blot, at du giver dig selv lov til at trække vejret dybt og lægge afstand til det, der er svært – også selvom det bare er et øjeblik – og så fokuserer på det gode og positive, som du har i dit liv. Der er nemlig altid noget at være taknemmelig for, og hvis du virkelig ikke kan finde noget i dag, så øv dig i at være taknemmelig for, at du har tag over hovedet, en varm seng og noget at spise. Og at du er blevet sat på denne Jord for at leve...

Og tænk engang: Du kan faktisk beslutte dig for at være taknemmelig, for det er ikke en følelse, som du er nødt til at vente på. Den er din, hvis du vil have den. Men du er nødt til at beslutte dig for den og vælge den til.

## Tag på refleksionsrejse

- Hvilke aspekter af dit liv føler du dig taknemmelighed for lige nu og her?
- Hvordan føles dit liv, når du ikke er taknemmelig for det, det består af?
- Hvordan reagerer du på andre menneskers utaknemmelighed? Irriterer det dig, når andre mennesker ikke udviser taknemmelighed og aldrig synes at kunne få nok? Prøv at mærke efter, om du måske selv reagerer på samme måde engang imellem. Det kan nemlig godt være, at disse irriterende mennesker fungerer som et spejl for dig for at vise dig, at du også selv glemmer at være taknemmelig. Det kan også være, at din irritation er en vejviser ind til et skyggeaspekt i dig selv – en uønsket, mørk side af dig, som egentlig gerne vil ud i lyset og have lidt opmærksomhed for endelig at kunne opløses og flyve bort.

## Tag på refleksionsrejse...igen

Find en fin, lille notesbog og brug den til at skrive tre ting ned, som du er taknemmelig for, hver morgen eller aften. På den måde får du dig selv til at tænke i mere positive baner og sætte fokus på de positive ting, der foregår i dit liv. Det behøver ikke at være noget stort og banebrydende – faktisk er det de små ting i livet, der gør hverdagen god og farverig, og det er dém, du skal have fat i og huske på. Læg din taknemmelighedsbog et sted, hvor du tit ser den...i din håndtaske, på dit natbord, på badeværelset ved siden af din tandbørste eller på bordet ved siden af din yndlingsstol, hvor du altid drikker te. Lad bogen blive en fast følgesvend, som du læser i hver dag. Mind dig selv om, hvad du er taknemmelig for, ved at læse, hvad du har skrevet før. Sig tak, hver gang du lukker bogen i igen....

# Hvor er du nu?

## - Livets trappe

Sikken et smukt billede....trappen. Den emmer af ro, historie, stabilitet og indbydende varme. Trappen lokker kærligt, synes du ikke? Man kan næsten høre, hvordan de brede stentrin og det gamle, slidte, men solide gelænder hvisker: "Kom, tag det næste skridt!" Vil du med op?

Vi står allesammen et sted på Livets Trappe. Du har allerede lagt nogle trin bag dig og set udsigten fra de første trin. Forhåbentlig nød du den. Forhåbentlig var den smuk og inspirerende.

Hvert trin på din trappe er vigtigt og nødvendigt, for hvis der manglede et trappetrin, ville du være nødt til at tage et kæmpestort skridt for at komme op eller ned, og så ville du måske falde i hullet...

Der findes mange forskellige udgaver af Livets Trappe. Nogle er gamle, indhyllet i en rolig, nærmest mystisk stemning. Nogle trapper har mange trappetrin, mens andre kun har et par stykker. Mange trapper går lige op og ned, mens andre snor sig rundt og rundt, så du ikke kan se, hvor de fører hen. Nogle trappetrin er brede og giver dig følelsen af at kunne stå godt og solidt. Andre trappetrin er smalle, glatte eller i stykker.

Livets Trappe. Du står på den. Og du bestemmer selv, om du vil blive stående der, hvor du er nu, eller om du vil tage et skridt op til næste trappetrin. Udsigten ændrer sig på hvert trin.

Det er ikke så vigtigt, hvor du står. Det er heller ikke et mål i sig selv at nå op til toppen af trappen, for Livets Trappe viser sig ofte at være uendelig – du når aldrig op til sidste trin, for det findes ikke. Det vigtigste er, at du føler dig godt tilpas på dit trappetrin. Du skal ikke nødvendigvis hen til det trin, der er på højde med de trin, hvor de andre står, og du skal ikke vente på, at de andre når op til det sted, hvor du er. Du skal bare mærke efter, om du er tilfreds med at stå, hvor du står.

Er du nysgerrig efter at se, hvad der er højere oppe? Hvert trappetrin har sin helt egen udsigt, som dog også kan ændre sig med tiden, ligesom i naturen omkring trappen på billedet: Sommerfuglen, der sad på bladet lige før, flyver videre. Dér, hvor der var skygge i morges, er der nu sol. Den blomst, der blomstrede i foråret, er nu vissen. Hvis du føler trang til at tage et skridt op, så tænk ikke for længe over det, men gør det. Flyt hver fod en efter en, til du står godt igen. Vent ikke på den perfekte dag, den perfekte forklaring eller den perfekte hjælpende hånd. Tag skridtet.

## Tag på en visuel rejse

Forestil dig din Livets Trappe. Du kan tegne den på et stykke papir, hvis du har lyst. Hvordan ser den ud? Giv den farve, form og materiale helt spontant. Hvordan ser der ud rundt om din livets trappe? Og hvordan er temperaturen? Hvilke dufte er der? Måske har dit billede mange detaljer, eller måske er det helt enkelt.

Hvor står du på trappen? Hvordan ser du ud? Hvad udstråler du?

Prøv også at se dig selv stående på trappen, sådan udefra. Se på dig selv i de omgivelser og mærk efter, hvad billedet gør ved dig. Hvilken stemning kan du se eller mærke? Hvilke ord dukker op? Kan du mærke livsglæde, når du ser dig selv stå på trappen?

Brug det, der dukker op, til at finde ud af, om du er tilfreds på dit trappetrin, eller om du har brug for at tage næste skridt. Overvej, om der er en fin udsigt fra dit trappetrin, masser af sol og en dejlig, livsglad stemning. Du kan også forestille dig – og tegne – hvordan udsigten er på det trappetrin, hvor du står nu, og hvordan den er på de andre trin, som selvfølgelig kan være både under eller over dig. Solskin? Svalende skygge? Et hus? En person? Måske en hængekøje, der indbyder til en pause?

# Lykken er...
## - Den glade seddel

Der er vel intet, der er så eftertragtet hos os mennesker som lykke...

Lige fra barnsben lærer du igennem eventyr, skolegang og de mennesker, der omgiver dig, hvilke aspekter af livet, der gør (de voksne) mennesker lykkelige, og som du bør tilstræbe, for lykke er jo "målet" her i livet...

Som barn og ung tænker du måske ikke så meget over din lykke, men så snart voksenlivet begynder, sætter du mere fokus på den. De fleste af os går efter at "blive lykkelige" gennem det traditionelle koncept med mand, hus, børn, hund og karriere (eventuelt tilsat masser af spændende ferier, hobbyer, dyrt tøj....), mens et fåtal vover at definere deres lykke lidt anderledes og sætte mere fokus på mål og værdier, der ligger uden for den gængse forestilling. Du bliver formet af din opvækst, reklamer, religion og andre eksterne inspirationskilder, og spørgsmålet er, om du egentlig har en fornemmelse for, hvad lykke er for dig?

Måske leder du stadig efter lykken som 20-årig, 38-årig og 65-årig. Måske mener du at have fundet den for så at miste den igen...

Du venter på en konkret begivenhed, der skal gøre dig lykkelig: Prinsen på den hvide hest, den længe ventede graviditet, huset på landet, pensionsalderen. Du er sikker på, at når dét sker, så bliver du lykkelig! Desværre bliver du skuffet, fordi begivenheden aldrig indtræffer, eller fordi den ikke bringer den fantastiske, langvarige følelse af lykke med sig. Skuffelse! I stedet for lykke! Hvordan kunne det ske?

Det kan godt være, at dem, der forklarede dig, dengang du var barn og ung, hvad lykke er, glemte at nævne, at lykke viser sig i øjeblikke hele livet igennem – det er ikke en konstant tilstand. Lykke er ikke det endelige mål men en samling af smukke, unikke og meget personlige øjeblikke i dit liv, hvor du mærker et sug i maven, og hvor alt er perfekt for dig – i dét øjeblik. I stedet for lykke kan du vælge at fokusere på andre rare tilstande såsom tryghed, tilfredshed, kærlighed, ro eller livsglæde, som kan vare længere og er lige så vigtige som følelsen af at være lykkelig. Og mange af disse følelser er vel også en del af lykken, er de ikke?

Når du har taget denne tanke til dig, bliver livet ikke længere én lang ventetid med fokus på "hvor bliver min lykke dog af?" men derimod en uendelig mulighed for at bruge alle dine sanser til at mærke lykken i små glimt i hverdagen. Hver eneste af dine dage skænker dig lykke – hvis du vil. For lykke er overalt i det taknemmelige menneskes verden: I en solstråle, i en forårsblomst, i et barns smil, i en skål friske jordbær, i et knus, i et kompliment...Listen er lang, og den er din!

## Tag på refleksionsrejse

Tænk tilbage på de stunder i dit liv, hvor du følte dig lykkelig. Hvad lavede du? Hvor var du? Var du alene, eller hvem var du sammen med? Hvorfor var du så lykkelig i netop det øjeblik? Find papir og blyant frem og skriv dine lykkelige øjeblikke ned. Bliv ved, så længe du vil – du får nok brug for en del papir, især hvis du starter helt tilbage i din barndom. Og husk: Du kan til enhver tid tilføje flere smukke øjeblikke til din liste, for der kommer helt sikkert mange flere i den kommende tid.

Når du føler, at du er færdig (for nu), så læs din liste over dine lykkelige øjeblikke igennem. Lad dem komme tilbage til dig, luk øjnene og mærk lykkefølelsen igen. Smil, grin, græd...

Og se! Din lykke er lige dér! Den er i dig, i dine lykkelige øjeblikke, skrevet ned på papiret foran dig! Der er ingen grund til at vente længere, lede længere, for din lykke findes allerede og har været hos dig, siden du blev født. Lykke kommer indefra og er i os altid, og den er tæt forbundet med din evne til at være glad og taknemmelig for de små ting og smukke øjeblikke i livet.

Hvis du har lyst, kan du lave din helt egen Glade Seddel, hvor du skriver de allerallerlykkeligste øjeblikke i dit liv op. Hæng den på køleskabsdøren, klædeskabet, badeværelsesspejlet eller en væg. Læs den igennem hver dag. Mind dig selv om, hvor heldig du er at have haft så mange dejlige stunder i dit liv! Og prøv så at åbne dit hjerte og skab plads til, at endnu mere lykke kan finde vej til dig.

## Tag på refleksionsrejse...igen

Forestil dig, at et 8-årigt barn spørger dig, hvad lykke er. Prøv at bruge din intuition til at give barnet et spontant og ærligt svar i ord, som et barn kan forstå. Skriv eventuelt dit svar ned.

Passer dit svar til de lykkelige øjeblikke, som du kom i tanker om og skrev ned på din Glade Seddel? Hvis ja, så er du rigtig god til at mærke lykken – dejligt! Hvis ikke, så er der en ubalance mellem din indre, ægte lykkefølelse og dét, som du har lært at identificere som lykke. Smid papiret med svaret til barnet ud og brug din Glade Seddel til at vise dig, hvad der virkelig får dig til at stråle og gør dig glad, taknemmelig og lykkelig.

Hvilken farve har din livsglæde?

# At være med i livet

## - Dansen på engen

Livsglæde handler også om forbundethed. Om at føle, at du er tæt på dig selv, bruger tid på at være sammen med dig selv og øver dig på at reflektere og mærke efter. Livsglæde opstår, når du tør bare at være dig og omfavner livet med alle dets facetter. Når du tør at springe ud i nye udfordringer! Når du tør at forsvare dine værdier og stå ved dem! Når du trin for trin finder ud af, hvem du er, og hvad du virkelig har brug for! Livsglæden bobler frem, når du føler dig i balance og kan mærke glæde dybt inde i hjertet som en varm flod af energi, der strømmer igennem dig. Den handler om at turde nyde og om at skabe tid og rum til det, som du ønsker dig, og som får dig til at føle, at du virkelig lever dit liv.

Du kan finde livsglæde, hvis du er med i dit liv på en aktiv og bevidst måde, hvor du reflekterer over, hvad der foregår i dit liv, og hvor du bevidst øver dig i at åbne op og bruge alle dine sanser til at mærke livet – både når det dufter lige så dejligt som en forårsblomst, og når det ser lige så trist ud som en vissen busk.

Hvis du derimod er bange for at være med i livet og ikke har lysten – eller modet – til at favne både de dejlige og de svære øjeblikke, som livet indeholder, så står du ude på sidelinjen og ser dit liv flyve forbi som en vind, der blæser, hvorhen den vil. Du er ikke med. Det er ærgerligt. Det er jo dit liv, og kun dit, og hvis ikke du lever det, hvem gør så? Hvem nyder de smukke stunder, som også er en del af dit liv, hvis ikke du gør det? Er de så spildte?

Livsglæde handler om at give slip, give sig hen og stå ved sig selv. Livsglæde er at danse sin helt egen dans, uanset hvad de andre siger, så byd dig selv op til en svingom og udtryk den dig, der er med i livet og slet ikke kan få nok.

## Tag på en visuel rejse

Forestil dig, at du står midt på en eng...

Det er sommer, solen skinner, himlen er blå, og alting emmer af den stille skønhed, som kun naturen kan skabe.

Luk øjnene og lad dine andre sanser vågne op. Smag på luften, sug duftene ind, mærk græsset under dine bare fødder. Lyt til fuglene og bierne. Træk vejret dybt og bliv stående lidt. Sæt dig ned, åbn øjnene og dvæl ved hvert eneste træ, hver fine blomst, hver en busk og hvert et græsstrå, om du vil. Bliv ét med dine omgivelser, med naturen. Og forestil dig så, at du åbner dit hjerte og lukker naturen ind. Forestil dig, at alle disse sanseindtryk strømmer ind i dit hjerte og fylder dig med samme skønhed indeni, som engen omkring dig er fuld af. Mærk, hvordan din krop bliver varm, blød og fuld af ny, frisk energi. Når du ikke kan sidde stille længere, så rejs dig op og begynd at danse naturens dans. Lad kroppen vælge hvorhen! Giv slip! Mærk energien, der vælder ud af dig og får dig til at vugge, svæve, hoppe og springe! Ræk armene op mod himlen og smil til den blå uendelighed over dig. Dans over engen som et udtryk for al den livsglæde, der bor i dig, og som tænder et lys af naturlig længsel efter at leve livet dybt inde i dit indre.

Pludselig bliver du træt...mættet af oplevelser, af den friske luft og af den vidunderlige dans. Sæt dig ned og giv dig selv et knus. Smil. Lov dig selv at danse på engen hver dag – i naturen eller hjemme i stuen – for at lokke livsglæden frem og give den en udtryksmulighed. Lov dig selv at fremme denne forbundethed med dig selv og din kerne. Lov dig selv at være med i livet.

# Et lille eventyr...

...som gerne vil minde dig om, at ønsker altid kan gå i opfyldelse – også når du mindst venter det. Og ønsker, der går i opfyldelse – både store og små – dét er en af de bedste kilder til livsglæde.

## Knappenålen

Der var engang en knappenål, der så gerne ville lære at danse. Dens herre var en gammel skrædder, der sad i skrædderstilling på det antikke bord og syede de smukkeste balkjoler til byens fine, unge damer, og knappenålen havde så ofte set, hvordan de unge damer lyste op, når de prøvede deres kjoler og hviskede til hinanden om, hvor fantastisk det ville blive at danse en hel aften med deres udkårne – eller ham, de drømte om. Så knappenålen tænkte: "Det ville være dejligt, om jeg også kunne danse! Om jeg også kunne være så henrykt, så beruset, så glad og så smuk – bare ved tanken om at danse!" Knappenålen vidste meget om skrædderarbejde, nålepuder, pufærmer og målebånd, men den vidste ikke meget om at danse. Faktisk vidste den ikke engang, hvad det at danse var for noget. Den vidste kun, at det var noget med en fin kjole og henrykkelse og glæde – og dét var nok at vide til gerne at ville danse.

Knappenålen spurgte sine gode venner synålen, trådrullen og fingerbøllet, hvordan man mon kunne komme til at danse. Synålen kiggede forundret på knappenålen og spurgte, om den da ikke fandt nok glæde ved alle de farverige trådruller, smukke stoffer og fine knapper på skrædderens bord. "Jo da", svarede knappenålen eftertænksomt. "Jo, men..."

Trådrullen gav sig til at rulle rundt af grin og holdt først op, da den så knappenålens mutte udtryk og forstod, at spørgsmålet var alvorligt ment. "Hvordan...hvordan...", hiksede trådrullen. "Hvordan vil du bære dig ad med at danse? Du har hverken arme eller ben, og det mener jeg at have hørt, at man skal bruge for at danse!" Knappenålen så ned ad sig selv. Nej, hverken arme eller ben. Så var det nok slet ikke muligt at danse.

Fingerbøllet – det gamle, slidte fingerbøl – var den ældste af dem alle og den, der havde tilbragt mest tid hos skrædderen, og det altid tættest på. Derfor mente fingerbøllet, at det var den klogeste af dem, for det havde dog både hørt og set mere til både skrædderen og de unge damer end alle de andre tilsammen. Fingerbøllet smilede overbærende til knappenålen og sagde: "Lille ven. Du er en ung, dygtig, flittig knappenål. Du er god til dit arbejde, afholdt af alle, og du lever trygt og godt her. Hvad vil du mere?" Knappenålen mærkede tvivlen i maven og en knugen i brystet, for sådanne havde den dog, omend ingen arme og ben. "Ja", tænkte den. "Fingerbøllet har nok ret. Jeg har alt, hvad jeg har brug for, lige her."

I de næste par uger øvede knappenålen sig i taknemmelighed, dydighed og arbejdsomhed. Den lagde sig altid øverst i stakken, så skrædderen skulle vælge den oftere til sit arbejde, og den holdt så godt fast i stoffet, at den ikke faldt ud – ikke en eneste gang – selv når kjolerne blev prøvet, glattet eller rystet. Alligevel kunne knappenålen ikke slippe tanken om, hvor gerne den ville prøve at danse, og hver gang den sad helt tæt på en ung piges hjerte, og hun talte om det forestående bal, kunne den mærke, hvordan hendes hjerte slog hurtigere og smukkere end det prægtigste klokkespil, byen nogensinde havde hørt.

Hvor ville den dog ønske, at den ikke bare var en knappenål! Tænk, om den havde været en knap, en flip eller endog en smuk paillet på en sko – så kunne den passe perfekt til en fin kjole og måske komme til at danse. Åh, hvilken pinsel at være en simpel knappenål! Åh, hvilken længsel efter at være noget andet, kunne noget mere, se anderledes ud!

Knappenålen blev mere og mere trist, og snart fandt den hverken glæde ved skrædderen, de andre ting i skrædderstuen eller de unge damer og deres begejstring.

Så skete det, at knappenålen vågnede en morgen og opdagede, at noget var helt anderledes. Den kunne ikke længere høre skrædderens velkendte stemme, og der var helt mørkt rundt omkring den. I stedet hørte den en anden stemme – en ung piges stemme. "Tak, mor, fordi du hentede min kjole hos skrædderen! Se, jeg har pakket den ud. Hvor bliver jeg dog smuk, og hvor bliver det dog en dejlig fest, og som jeg dog glæder mig til at danse i min nye kjole!" Så blev det lyst, knappenålen fløj til vejrs og drejede så rundt og rundt.

Den aften fik knappenålen sit største ønske opfyldt: Den dansede. Op og ned, rundt og rundt, hurtigt og langsomt. Åh, sikken en glæde! Musikken! Duftene! Latteren! Klapsalverne! Lyset! Aldrig havde der fandtes så glad en knappenål, og som den dog dansede yndefuldt og utrætteligt. Da ballet var omme, kjolen var hængt ind i skabet, og alt igen blev stille, takkede knappenålen af hele sit hjerte for endelig at have danset, for at have mærket suset og hjertets hurtige banken...for endelig at have levet intenst og inderligt.

Knappenålen levede lykkeligt i mange, mange år, og hvis den ikke er faldet ud, så danser den endnu, for sådan en skræddersyet balkjole er godt håndværk, der holder i mange generationer, og den lille, glemte knappenål sad godt fast i sømmen.

## Lidt at tænke over

## Om livsglæde

### *Hvad fylder du dit liv med?*

- Hvad er det bedste, der er sket i dag?
- Hvad er det, du udsætter?
- Hvad ville du lave i dag, hvis du vidste, at du skulle dø i morgen?
- Er dit liv nogensinde gået i gang, eller venter du stadig?
- Hvilke hverdagsopgaver vil du gerne være fri for?
- Hvordan kan du reducere spild i dit liv?
- Hvordan kan du skabe mindst 15 minutter til dig selv hver dag?
- Hvordan tilbringer du en regnvejrsdag?
- Kæmper du imod livets gang?

### *Hvor finder du positiv energi?*

- Er der nok positiv energi i dit liv?
- Hvad glæder du dig rigtig meget til lige nu?
- Hvilke aspekter af dit liv fungerer rigtig godt?
- Hvad fik dig til at grine sidste gang, hvor du fik helt ondt i maven af grin?
- Hvem har hjulpet dig mest igennem svære tider i dit liv?
- Hvem ville du invitere med til din fødselsdagsfest, hvis du skulle sende indbydelserne ud i dag?
- Hvad ville gøre dig (endnu) gladere lige nu?
- Hvor i dit liv og din hverdag ser du din yndlingsfarve?
- Hvordan kan du få dig selv til at grine?
- Har du nogensinde omfavnet et træ? Hvis nej, hvorfor ikke?
- Hvornår har du sidst haft det rigtig, rigtig godt?

Find din barnlige nysgerrighed frem –
hvad mon der venter om hjørnet?

# Find kærlighed

Hvad tænker du på, når du tænker på kærlighed? Er det et sug i maven, som straks får dig til at tænke på din kæreste? En varm følelse i hjertet og en kærlig tanke til dine børn? Er det ømhed, varme, forståelse, empati? Er det et sted, en duft eller måske en sang?

Mon ikke kærlighed er alt dette og meget, meget mere? Kærlighed er det, vi lever af. Kærlighed er det, vi ikke kan leve foruden. Kærlighed er noget, som får os til at gøre vilde ting, får os til at grine og græde, får os til at afprøve vores grænser og får os til at være smukke, elskelige mennesker. Kærlighed er essensen.

Husker du også at tænke på dig, når du tænker på kærlighed – altså, din kærlighed til dig selv? Husker du på, at du skal elske dig selv, støtte dig selv og passe rigtig godt på dig selv for overhovedet at kunne elske et andet menneske?

Det er vigtigt. Glem ikke at elske dig selv.

# Tid til dig

## - Hvem passer dig, imens du passer de andre?

Hvad laver du egentlig? Hvordan ser din dag ud? Og hvad gør den ved dig? Går du i seng om aftenen med et smil på læben, eller er du bare for træt til at smile? Bruger du din dag på dig selv eller andre?

I din rolle som kæreste, mor, medarbejder, datter, veninde, nabo, frivillig hjælper, hundemor, chef, eller hvad det nu måtte være – pyha, man bliver helt forpustet, synes du ikke? – står du med mange forskellige opgaver, som du tager dig af, for at dagen kan fungere så problemfrit som muligt.

Nogle af dem giver mening for dig, og dem udfører du gerne, mens andre måske virker tidskrævende, unødvendige, overvældende eller ligefrem helt uoverskuelige. Fælles for alle disse opgaver er, at de definerer din dag, din tid, dine prioriteter – og dermed i bund og grund dit liv. Det, som du bruger din dag på, udgør i sidste ende dit liv.

Det kan være, at du tænker, at du jo ikke har noget valg. Børnene skal have mad, der skal tjenes penge, græsset skal slås, din syge tante vil gerne have besøg. Det er vigtige opgaver – dét har du ret i. Og nej, du eksisterer ikke uafhængigt af andre mennesker i din helt egen osteklokkeverden. Du er en del af et hjul, der kun drejer rundt, som det skal, hvis alle dele fungerer. Men glem ikke, at alle disse dele også skal smøres og vedligeholdes, for ellers ruster de og holder op med at virke en dag.

Alligevel – og netop derfor – er det vigtigt, at du prøver at se på din dag, på dine prioriteter, med nye, kærlige og kritiske øjne. Øjne, der ser det hele udefra og som vil dig det bedste. Øjne, som ser bag facaden og giver dig et ærligt svar på spørgsmålet om, hvad din dag gør ved dig.

Når du har fundet et svar, så overvej, om du har det godt med det svar. Og tag så ansvaret for svaret. For du har et valg. Du har selv sammensat din dag – og dermed dit liv – og du kan selv vælge at ændre på de dele af din dag og dit liv, som du ikke er glad for. Det er ikke de andres skyld. Du har selv givet dem lov til at bruge dig til det, de gør. Du har et valg.

Husk: Du er det eneste menneske i hele verden, som er ansvarlig for dig, og dermed er du også den eneste, der har ansvaret for, at der bliver passet godt på dig, din krop og din sjæl.

*PS: Hvis du ikke husker at passe godt på dig selv, så går du højst sandsynligt selv ned med flaget, og hvem skal så passe alle dem, som du passer nu?*

## Tag på refleksionsrejse

Hvordan føles det indeni, når du læser, at du er den eneste, der er ansvarlig for at passe på dig? Et enkelt spørgsmål, der dog er så vigtigt, så vigtigt. Tag dig god tid til at finde svaret...

### Tag på refleksionsrejse...igen

Find på fem ting, som du godt kan lide at lave, og som du kan lave alene. Noget, som giver dig ny energi. Noget, som gør dig glad eller rolig eller sikker. Hvis du ikke kan finde på noget, så tænk over, hvad du godt kunne lide at lave som barn...

Du kan skrive dine ideer ned på et stykke papir eller i din notesbog.

Hvilke af disse fem ting kan du bruge til at skabe dit helt eget univers, hvor du kan slappe af, tanke ny energi og nære din kærlighed til dig selv? Hvilke af dem tiltrækker dig mest, hvis du tænker på, hvordan du kan give dig selv omsorg, positiv energi, gode oplevelser – og kærlighed?

Når du har fundet dine gode kilder til glæde og kærlighed, så spørg dig selv, hvordan du kan integrere dem i din hverdag og i dit liv. Du behøver ikke at udfærdige en omfattende plan, som eventuelt ser meget uoverskuelig ud, men start blot med én ting ad gangen og vær realistisk. Vær sød ved dig selv, så du ikke ender med at blive helt forpustet over alt det, som du gerne vil ændre. Men stå også fast og lov dig selv at finde mere tid til dig selv. Lad ikke dig selv i stikken. Du er den eneste, der er ansvarlig for dig – husk det.

## Tag på refleksionsrejse...igen

"Det, som du bruger din dag på, udgør i sidste ende dit liv". Hvad gør denne sætning, denne tanke, ved dig? Hvordan føles den i din krop?

# Venskaber
## - Hvem skal med til din fest?

Relationerne til vores kære er noget meget vigtigt og livgivende. Ja! Vi har allesammen brug for hinanden! Det er rart at være alene og have tid til sig selv, men det er lige så vigtigt at have nogen at dele gode minder med, at dele en svær tid med, eller bare at dele et smil med.

Vi kan skabe kærlighed i vores liv ved at elske os selv og andre. Hvis vi tager imod den udfordring, som skabelse af gode, nærende relationer er, ved at åbne op og tage masken af, kan vi finde varme følelser, tryghed, tillid og støtte. Vores relationer kan også fungere som spejle, hvori vi ser de sider af os selv, som vi ellers helst vil undgå at se, og igennem et andet menneske kan den side af os endelig komme frem i lyset for at blive accepteret af os.

Venskaber er dog tit belagt med mange forventninger fra begge sider, der endda kan minde om det løfte om evighed, som man giver hinanden, når man bliver gift. De forventninger stammer måske helt tilbage fra barndommen, hvor du knyttede et af livets første og mest betydningsfulde venskaber med yndlingsbamsen eller yndlingsdukken. Et tæt, tæt bånd – tit uden ord og i hvert fald altid uden diskussioner, jalousi og hjerte-smerte. En ven, der altid havde tid, altid havde lyst til en krammer og aldrig sagde dig imod eller stillede de spørgsmål, som du helst ikke ville svare på.

Senere skifter du til venner og veninder af kød og blod. Mennesker ligesom dig selv med håb, drømme og forventninger. Mennesker, der ligesom dig formes af livets gang. Mennesker, der ændrer sig, ligesom du gør. Og netop derfor varer venskaber ikke altid evigt...men skal de nu også det? Ville du have valgt de samme venner, da du var 40, som da du var 20? Havde du de samme venner efter skilsmissen, som da du stadig var gift og levede i kernefamilien? Havde du de samme venner, da du gik på gymnasiet, som du har nu? Måske. Sandsynligvis ikke.

Det kan gøre rigtig ondt, når en ven eller veninde forsvinder ud af dit liv – uanset grunden. Det er, som om en del af dig og mange af dine gode minder bliver revet væk. Nogle gange ved du ikke engang helt, hvorfor kontakten stoppede. Du holdt op med at ringe til hende, eller måske blev du ligefrem fyret som veninde. Uanset hvad, så er der en god grund til, at det forhold ikke længere skulle være. En af jer, eller I begge to, har forandret jer eller ændret på vigtige prioriteter i jeres liv, så I ikke længere passer helt så godt sammen som før. Accepter det. Din veninde var en vigtig del af dit liv på et tidspunkt, hvor I havde brug for hinanden, men nu går I videre ud af livets vej – hver sin vej.

Det er i orden at skifte sine venner og veninder ud.

## Tag på refleksionsrejse

Tænk tilbage på en af dine gode venner eller veninder, som du mistede kontakten med, men som du stadig tænker på af og til, og savner. Tænk tilbage på de oplevelser, som I havde sammen. Fokuser især på det, der var anderledes dengang i forhold til det liv, som du lever nu. Og spørg så dig selv, om den person mon ville passe ind i dit liv nu. Ville den veninde forstå dig og dine prioriteter på samme måde, som hun forstod dig dengang? Ville hun føle sig godt tilpas i dit liv, som det ser ud i dag? Ville I have noget til fælles?

## Tag på refleksionsrejse...igen

Skriv ned, hvem du ville invitere til din næste runde fødselsdag, hvis du skulle sende invitationerne ud i morgen. Prøv at nøjes med dine nærmeste venner og veninder. Sammenlign så denne liste med listen over dem, der var med til den sidste store komsammen, som du holdt. Er de to lister ens? Hvis ikke, hvordan har du det så med det?

# Den kære familie
## - En enestående vindrue

Tror du på, at vi selv valgte vores forældre, inden vi blev født? Og at vores søskende også selv valgte at komme ind i netop vores familie? Eller tror du, at det er rent tilfældigt? Uanset hvad, så har du (måske) ikke selv valgt din familie, som du selv vælger dine venner. Samtidig tilbringer vi megen tid sammen med vores familie, vi lærer af den, og vi bruger den til at måle og sammenligne os med, og derfor er den meget, meget vigtig.

Det kan godt være, at du er en del af flere familier på én og samme tid: Din barndomsfamilie – mor, far, søskende, bedsteforældre og alle de andre – og måske er du blevet mor og har selv skabt din egen familie. Du spiller visse roller i disse familier, og der er visse forventninger til dig. Der er traditioner i familien, glade stunder, svære stunder, måske diskussioner. Uanset hvordan stemningen er i din familie, så er det din, og du lærer af den på en positiv eller negativ måde.

Vi har allesammen et bestemt billede af, hvordan en familie skal se ud, og hvordan den skal fungere. Mange af os er opvokset i familier, som ikke fungerede optimalt og så rosenrøde ud, men alligevel prøver vi – især når vi selv stifter familie – at opbygge og værne om netop det familiebillede med far, mor og børn, som vi fik ind med modermælken gennem eventyr, veninder eller sladderblade. Vi holder fast i noget, der føles essentielt og virker som noget, som vi alle nærmest har krav på, men som eventuelt ikke længere er realistisk og derfor bliver til én lang kamp imod intet andet end en forestilling.

Som vindrueklaserne på billedet er din familie en klase af individuelle vindruer. I hører sammen men er også noget hver for sig. I kan vokse og tage ny form og farve sammen men også hver for sig. Nogle af vindruerne bliver store, andre forbliver små og måske ligefrem indtørrede eller syge. Nogle af vindrueklaserne ser sunde ud, mens andre er medtagne efter den hårde vind eller den stærke sommersol.

Du som en enestående vindrue i en stor klase af vindruer...

Nu er det bare sådan, at du er én person – og kun én person. Og det er helt perfekt. Du skal ikke være andet. Du *kan* ikke være andet. Du kan ikke være andet end moren i din egen familie. Du kan ikke være andet end søsteren til dine søskende. Du kan ikke være andet end datteren til dine forældre. Det lyder logisk, ikke? Hvis du alligevel føler, at du har ekstra roller som diplomat, udglatter, motivator, grænsepost eller andet i din familie, så prøv at spørge dig selv, hvorfor du har påtaget dig det yderligere ansvar.

Husk på, at en vindrue – uanset, hvor saftig, grøn og stor den er – ikke kan være en vindrueklase. Du er én person, og du alene kan ikke være en positiv, kærlig og solid familie. Du kan være en fantastisk mor, ja, eller en vidunderlig søster eller en dejlig datter. Men du kan ikke være en familie.

En familie er synergi. Noget, der skabes, når – og hvis – alle de mennesker, der kan høre til den familie, vil det og møder op. Det kræver, at hvert eneste familiemedlem bestemmer sig for at være engageret og gøre en positiv indsats for at skabe en god, stærk familie og passe godt på den. Du alene kan ikke give dine børn en familie. Du alene kan ikke give dem det trygge familieliv med far, mor og børn, som du måske gerne vil. Du alene kan kun være deres mor, og dét er din eneste og fornemmeste opgave.

Når du har taget denne tanke til dig, vil du kunne holde op med at bebrejde dig selv skilsmissen, eller at du ikke har kontakt til et medlem af din familie. Så længe du er sikker på, at du mødte op og ville den familie, men at der manglede nogen at skabe den med, så kan du med ro i sindet sige, at du gjorde dit bedste. Og lad så forestillingen om "kernefamilien" slippe ud af dit hoved og send den med luftpost op i himlen...For måske er du en kernefri vindrue?

## Tag på refleksionsrejse

Hvad betyder begrebet "familie" mon for dig? Prøv at finde nogle ord, der beskriver dét, som du forbinder med en familie. Dét, som du ønsker dig af en familie. Passer de ord til den familie, du har? Eller savner du noget?

Hvis du savner noget, så prøv at beskrive det med så mange ord som muligt. Vælg de fem vigtigste ord og hvis de ikke allerede er det, så lav dem om til ord med en positiv eftersmag. Det kan være kærlighed. Eller styrke. Eller støtte. Og prøv så at finde ud af, hvor du kan finde de positive ting, som du savner i din familie, et andet sted. For hvis ingen møder op for at skabe en familie sammen med dig, så kan du ikke gøre noget ved det. Du kan ikke tvinge andre mennesker til at skabe synergi. Du må finde andre kilder. Tænk stort og bredt! Tænk i personer men også i steder, oplevelser og måske i dyr. Tænk i dig...det, som du savner, kan du bedst få fat i, hvis du kan finde det i dig selv. Din verden er så fuld af positive kilder, og det er ærgerligt, hvis du går rundt og tror, at du aldrig kan finde det, som du nu ønsker dig, bare fordi ingen andre end dig mødte op. Træk på skuldrene, ret kronen og gå så ud med et åbent sind og find det, du mangler. Eller se indad og find det i dig selv...

## Tag på refleksionsrejse...igen

Mærk efter, hvordan sætningen "Du spiller visse roller i disse familier, og der er visse forventninger til dig" føles i din krop. Er det en rar og rolig følelse, eller gør den dig nervøs? Tænk over din reaktion og find ud af, hvor den kommer fra, og om den måske har brug for lidt opmærksom fra dig.

Læs teksten om vindrueklasen igennem igen og stil så dig selv det samme spørgsmål. Hvad er din rolle egentlig? Og vigtigst af alt: Er det dit ansvar, at familien fungerer? Hvis du stadig svarer ja til det spørgsmål, så læs teksten igennem igen – lige indtil du kan svare nej.

Det er befriende.

*Vær nu ærlig…hudløst ærlig…*
*lad lyset skinne igennem dig,*
*så vi kan se dig.*

# Tilgiv dig selv
## - Kaffebesøget

Alt er godt. Du har det godt, og dit liv er godt. Du elsker dig selv på en favnende og kærlig måde, og du er stolt af dig selv. Du står ved dig selv. Er det sådan, du har det? Hvis ja, så nyd det og hold rigtig godt fast i den følelse. Hvis ikke, så er det måske, fordi du bebrejder dig selv noget, og den bebrejdelse står i vejen for, at du kan elske og være stolt af dig selv. For dét er jo en af dine fornemmeste opgaver i livet: At elske dig og at være stolt af dig. At passe godt på dig og at opmuntre og støtte dig. Gør du det?

Husk, at du er den eneste person i hele denne verden, som virkelig er ansvarlig for, at du har det godt, så hvis ikke du passer godt på dig selv, så er der eventuelt slet ikke nogen, der gør det – og det ville jo være trist. Mange har os har det lidt svært med den opgave – enten fordi vi har lært, at selvkærlighed er lig med egoisme, og det er ikke velset, eller også fordi vi har defineret så strenge, høje eller urealistiske forventninger til os selv – måske også gennem andre menneskers indflydelse – at vi føler, at vi ikke indfrier de forventninger. Begge dele er lige slemt. Og begge dele gør, at vi behandler os selv meget strengere, mere ukærligt og med megen mindre tålmodighed og forståelse, end vi behandler selv vores nærmeste familie og veninder. Kan du nikke genkendende til det?

Du er ansvarlig for at passe godt på dig selv, men samtidig er du din egen hårde dommer, evige overmagt og måske endda en genspejling af de mennesker, som plantede frøene til dit nuværende selvkærlighedsniveau, dengang du var barn. Du opretholder nogle forventninger til dig selv, som i bedste fald er nemme at opfylde, men i værste fald er absolut umulige at indfri, og dermed sætter du en grænse for din egen evne til at elske og være stolt af dig selv.

Hvis du prøver at identificere de forventninger, formulere dem og vælge dem ud, som du kan mærke ikke gør dig godt, så kan du også ændre den måde, som du behandler dig selv på. Du kan tilgive dig selv for det, du mener, at du har gjort forkert i tidens løb, og du kan tilgive dig selv for ikke at have indfriet dine forventninger til dig selv. Du kan forhåbentlig særligt tilgive dig selv for at have haft så urealistiske forventninger. Når du har tilgivet dig selv, accepterer du dig, sådan som du er, og du vil kunne elske dig selv med ømhed, forståelse og rummelighed.

## Tag på en visuel rejse

Tænk over, om der er noget, som du er utilfreds med ved dig selv. Det kan være noget, du har gjort eller netop ikke har gjort. Noget, du har sagt eller ikke har sagt. Måske et af dine karaktertræk. Noget ved dit udseende. Prøv at fuldende disse sætninger: "Hvis bare jeg ikke..." eller "Hvorfor er jeg dog også altid så...". Skriv dine tanker ned. Læs listen igennem og prøv at finde frem til et eller to hovedtemaer. Hvad er det virkelig, der irriterer dig?

Når du har fundet frem til dit tema eller dine temaer, så skal du invitere en særlig gæst til kaffe. Du kan nøjes med at forestille dig det, men du kan også forberede besøget med kaffe og kage på stuebordet, stearinlys i stagerne og lidt stille musik i baggrunden.

Din særlige gæst er dig selv. Forestil dig, at du kommer på besøg for at lette dit hjerte, finde trøst og få et godt råd. Din gæst kommer og fortæller dig om, at hun har svært ved at håndtere en bestemt situation eller et af sine karaktertræk (fra din liste). Du lytter intenst og medfølende til din gæst. Du stiller et par spørgsmål, der skal få hende til at uddybe eller måske se det hele fra en anden – mere positiv – vinkel. Prøv at give hende et godt råd på samme måde, som hvis en af dine gode veninder sad foran dig. Vigtigst af alt er, at du prøver at få hende til at tilgive sig selv for det, som hun mener at have gjort, eller for at være for hård ved sig selv. Snak med din gæst, indtil du har følelsen af, at hun har det lidt bedre og tager af sted fra kaffebesøget med nyt gå-på-mod og ny, positiv energi.

Giv hende et varmt knus, inden hun går, og mind hende om, at du altid vil være der for hende.

Bliv din egen bedste veninde og tilgiv dig selv, som du ville tilgive dine nærmeste. Hjælp og støt dig selv, som du hjælper og støtter dine bedste veninder. Giv samme forståelse, medfølelse og kærlighed til dig selv, som du giver dem, du holder af. Hvis ikke du skulle være din egen bedste veninde, hvem skulle så?

# At udsætte
## - Livets vækkeure

Hvad venter du mon på?

Du har læst og hørt de kloge ord så mange gange, at du er ved at blive immun: "Vær i nuet!", "Lev livet, så længe du har det!", "Nyd dine børn, imens tid er!".

Ja, tænker du lidt irriteret. Det er da rigtigt, og når jeg nu er færdig med at studere/har fået afleveret den store rapport/er blevet færdig med at bygge huset om/har lidt mere luft i kalenderen/har sparet op til udbetalingen på drømmehuset/har fået overbevist min chef om, hvor velegnet jeg er til det job højere oppe ad rangstigen/har tabt 15 kilo/har fået snakket med min far om den gamle misforståelse...(dyb indånding!)...*så* får jeg mere tid og ro til at nyde livet og mine nærmeste. Hvor bliver det dog dejligt!

Javist bliver det dejligt. Så håber vi bare, at du stadig har mulighed for at opleve, hvor dejligt det er. Det er nemlig ikke altid, at livet venter på dig og på, at du bare lige skal være færdig med dit og dat.

Når livet bliver utålmodigt, så sender det dig et vækkeur. Nogle af disse vækkeure er blide og mest tiltænkt til at ruske kærligt op i dig og få dig tilbage på den rette, mere nærværende kurs. Andre er livsforandrende, alvorlige, katastrofale, altomfattende og så højlydte, at de skriver et helt nyt – og måske endda det sidste – kapitel i din Livets Bog. Som hende i det ulykkelige forhold, der vågnede op en dag med en diskusprolaps i ryggen og ikke kunne tage et eneste skridt. Som ham, der arbejdede sig selv helt ud i en depression og blev et andet menneske, der aldrig vendte tilbage til sit gamle, glade jeg. Eller som hende, der undertrykte sine følelser i så mange år, at hun fik angst og mistede sit arbejde.

Kender du den følelse af være "usynlig", når en af dine kære ikke bemærker dig eller tager sig tid til dig? Måske føler du, at du ikke er vigtig nok, ikke er god nok eller måske ligefrem ikke er elsket nok til, at dine kære vil bruge tid på dig. Det er ikke nogen rar følelse, vel? Når du udsætter, så gør du lige præcis det samme – bare over for dig selv. Du udsætter dine egne behov og dermed dit eget liv.

Livet er ikke beskrevet i fine bøger og kloge sætninger. Det foregår lige nu og her, og det venter ikke. Et "livets øjeblik" kan ændre alt.

Er du den næste, der skal vækkes?

## Tag på refleksionsrejse

Tænk lidt over, hvad du ville sige til dine børn eller til din bedste veninde, hvis du fik at vide, at du har forkortet dit liv og kun har et par måneder tilbage at leve i, fordi du ikke hørte på din krop og din sjæl, da den prøvede at vække dig og fortælle dig, at din livsførelse var på gale veje.

Hvilke gode undskyldninger ville du komme med? Prøv at sige dem højt og lyt til dig selv. Holder dine undskyldninger og forklaringer virkelig vand? Hvad mener din krop? Hvordan føles det i kroppen, når du forklarer din livsførelse?

*Hvad hjælper det at have set hele verden, hvis du har overset dig selv?*

# Et lille eventyr...

...som gerne vil minde dig om, at kærlighed er hos os i mange forskellige former, og at du altid kan give kærlighed til både dig selv og andre – du skal bare finde din helt egen måde.

## Når engle hvisker

Der var engang en engel, der boede på de hvide skyer på himlen sammen med de andre engle. Det var sådan en smuk, lille skabning – så ren og fin, som kun en engel kan være. Hun havde store, brune øjne og lange, krøllede lokker, der indrammede et fint og smilende engleansigt. Denne lille engel var en af de kærligste, mest hjælpsomme og mest følsomme af slagsen. Det bedste hun vidste, var at flyve rundt og slå bløde slag med sine vinger – uden at skulle noget og uden at vide hvorhen. Og så elskede hun musik.

Englen smilede næsten altid, jo såmænd, men alligevel var der noget, som hun var meget ked af. Hendes stemme var meget lys og spag, og hun bemærkede det især, når hun sang i det store englekor om morgenen. Hver gang lukkede hun øjnene, trak vejret dybt og fandt tonerne helt inde i hjertet, men ingen hørte dem midt i de andre engles storslåede, favnende stemmer. Og der var også andre øjeblikke, hvor hun blev mindet om, at hendes stemme var lille og svag. Når de andre engle fløj rundt på himlen og kaldte på to menneskers hjerter, så de to endelig, endelig kunne mærke kærligheden til hinanden, så den lille engel til med tårer i øjnene. Åh, at sprede det smukke budskab om kærlighed! Når en engel tog ned til Jorden for at holde en bedstemor, der lå for døden, i hånden og fortælle hende, at hun ikke skulle være bange, så følte den lille engel sig aldeles nytteløs deroppe på skyen. Hun ville også gerne hjælpe. Og når de andre engle fløj ned for at være med, når et kor af børnestemmer sang "Dejlig er Jorden" til jul, var det næsten mere, end den lille engel kunne bære. Hun blev alene tilbage og følte sig så ensom og trist.

De andre engle vidste godt, at den lille engel var ked af det med stemmen, og de prøvede at hjælpe hende med gode råd, så godt de kunne. En ung engel mente, at mælk med honning måtte kunne hjælpe, for det havde hendes mormor altid givet hende, når hun var forkølet og hæs. Den lille engel blandede mælk og honning og drak det i store slurke, og javist, det smagte dejligt, men hendes stemme forblev lille og spag.

En ældre engel sagde, at det med stemmen nok bare skulle arbejdes væk, så hun gav den lille engel den tykkeste af alle englesangbøger med besked om at synge to timer hver dag for at få gang i stemmen. Den lille engel stod tidligt op hver morgen og sang så højt hun kunne i flere timer, men lige lidt hjalp det. Hendes stemme var og blev næsten uhørlig.

En af de lidt skøre engle, der altid havde mange fletninger og perler i håret, fortalte, at hun altid havde stået på hovedet, når der var noget, der drillede, for så glemte hun helt, hvad det var, og så var alt godt igen. Englen lærte at stå på hovedet, og så stod hun dér – omvendt – mange gange om dagen. Hun blev dog hurtigt så god til at stå på hovedet, at hun sagtens både kunne holde balancen og samtidig tænke på, hvor frygteligt det var at have sådan en svag stemme, så det hjalp heller ikke.

En dag fandt Moderenglen den lille engel siddende på en sky langt væk. Englen græd og forklarede med stille hulk, at hun var så fuld af kærlighed, skønhed, hjælpsomhed og musik, som engle nu engang er, og at hun følte det, som om hun skulle sprænges, fordi hendes stemme var så svag, at den slet ikke kunne bære alle de smukke budskaber ud. Den lille engel så på Moderenglen med sine store, brune øjne og hviskede: "Moderengel, hvad skal jeg gøre?". En solstråle lyste over de to engle, da Moderenglen blidt tørrede tårerne af den lille engels kind og sagde: "Du er en helt særlig engel. Du har lige så mange vidunderlige gaver til menneskene på Jorden, som alle de andre engle har. Hvis du ikke kan bruge din stemme til at dele ud af dine gaver og sprede dit budskab, så må du finde en anden vej. Du behøver ikke at gøre som de andre. Prøv i stedet at skabe glæde, ro og kærlighed blandt menneskene på din helt egen måde og med de muligheder, som du har." Den lille engel omfavnede Moderenglen og hviskede en dybfølt tak, og så fløj hun hen til sin yndlingssky for at tænke over, hvad Moderenglen havde sagt. Hun sov tungt og godt den nat, og næste dag smilede hun så stort og smukt til de andre engle, at de vidste, at den lille engel havde fundet en vej, en løsning – og sin helt egen stemme.

Hvad havde den lille engel mon fundet på? Se, det kan vi kun gisne om.

Men hvis du, min kære, en dag, når du er lidt trist, ser ind i stearinlysets skær, og det begynder at blafre, så ved du, at det er den lille engel, der er hos dig og minder dig om, at der er lys i mørket. Hvis du pludselig har følelsen af, at dine fingre nærmest af sig selv skriver den besked til din kære, og at dine ord aldrig har været så smukke og dybfølte som nu, så ved du, at det er den lille engel, der fører din hånd for at vise dig vejen til kærlighed. Og hvis du en dag spiller musik eller synger, og det hele lyder så rent og smukt, som var det en engels værk – ja, netop, så ved du, at den lille engel er i dit hjerte og inspirerer dig derindefra.

Den lille engel – det er hende, der hvisker.

# Lidt at tænke over

## Om kærlighed

### Hvordan er forholdet mellem dig og dine?

- Hvad ville dine nærmeste savne mest, hvis du gik bort i morgen?
- Hvilken type venner og veninder vil du gerne have flere af?
- Hvilke af dine venner og veninder er du helst sammen med?
- Får du lige så meget, som du giver?
- Hvem er de allerallervigtigste mennesker i dit liv lige nu?
- Hvilke af dine nærmeste ville du ikke komme til at savne?
- Hvorfor giver du andre mennesker lov til at gøre dig sur eller ked af det?
- Har du nogensinde snakket med nogen om temaerne i denne bog?
- Hvilke personlighedstræk har du tilfælles med dine veninder?
- Hvilke mennesker i dit liv suger kun energi uden at give noget tilbage?

### Er du god ved dig selv?

- Er du god til at sige "Hvor er jeg bare dejlig!" eller "Jeg elsker mig selv!"?
- Hvordan trøster, støtter og opmuntrer du dig selv, når livet er lidt svært?
- Behandler du dig selv lige så kærligt og omsorgsfuldt, som du behandler dine kære?
- Hvad gør du for at vise dig selv, at du elsker dig?
- Hvordan slapper du allerbedst af?
- Hvis din krop kunne tale direkte til dig, hvad ville den så sige?
- Hvor meget søvn har du brug for, hvis du skal vågne udhvilet og frisk?
- Hvornår fik du sidst din yndlingsmad at spise?
- Hvordan føles det, når du tænker på ordet "stress"?
- Hvad ville du give dig selv i fødselsdagsgave?
- Hvad mangler blomsterne i din indre have?

Tag den lyserøde læbestift på – og dans!

# Find hjem

Hjem. Hvad er det? Er hjem et sted? En følelse? Er det dér, hvor dine kære er? Eller er det noget inde i dig – måske i dit hjerte? Mange af os tænker slet ikke over, hvad eller hvor hjem er, og dem, der gør, bruger tit lang tid på at finde hjem og især på at finde den følelse af at ankomme og føle sig helt og aldeles hjemme.

Vi kan definere hjem som mange forskellige ting, men måske handler det i bund og grund om at finde ind til kernen i dig. At finde ind til dét, som udgør dig, og som du er gjort af. Dit allerinderste inde. Og hvis hjem er *i* dig, så er du altid hjemme – uanset, hvor du befinder dig. Det er da en rar tanke, er det ikke?

Du finder hjem ved at lytte til din indre stemme og følge dit hjerte, og du finder hjem ved at acceptere den, du er, og dit liv, som det har udformet sig. Du finder hjem, når du er helt ærlig over for dig selv og står ved dig selv.

Vejen derhen er belagt med ro, livsglæde og kærlighed, og at finde hjem er en vidunderlig destination. Rejsen kan være lang, ja, men når du er kommet frem, vil du have lært meget om dig selv, og du vil have en følelse af, at du endelig er præcis dér, hvor du hører til – både i dit ydre og indre liv.

Velkommen hjem.

# Hvem er du?
## - Til salg

Dit billede af dig selv – hvordan ser det ud?

De fleste af os er rigtig gode til at se det fantastiske i andre mennesker, men vi kan være nærmest blinde, når det drejer sig om at se den smukke dronning, der smiler til os, når vi ser os selv i spejlet. En synes, at hun er for tyk, en anden at hun er for tynd. Og når vi skal beskrive os selv, bruger vi sjældent store, positive ord men prøver at nedtone vores ellers så skønne personlighed. Samtidig er det nemmere at værdsætte de gode sider af os selv men svært at acceptere andre, mere komplicerede, aspekter af vores personlighed.

Du bruger forskellige ord til at male et billede af dig selv, og de ord er måske tit lidt hårdere og mere ubarmhjertige end dem, som du ville bruge til at beskrive din bedste veninde eller din mor. Hvordan ville du se ud, hvis du kunne male et billede af dig selv? Hvilke farver ville du bruge? Og kunne du tænke dig at prøve at ændre de dele af billedet, der er skygger og triste farver, hvis der altså er nogle?

De tanker, som du gør dig om dig selv, er dem, der kommer frem lige dér på lærredet, og det er dem, du udstråler.

Hvis du tænker om dig selv, at du er en udslidt, fortabt 40-årig uden mand, hus og bil efter skilsmissen, ja, så kommer du hurtigt til at ligne en farveløs, træt dørmåtte. Hvis du derimod tænker om dig selv, at du er en kvinde, der har været igennem nogle hårde men vigtige lektioner i livet og derfor har masser af livserfaring, som har forvandlet sig til en sund nysgerrighed efter, hvad livet ellers har i tasken til dig, så udstråler du farver, gå-på-mod og positiv energi.

Samtidig glemmer vi også tit at betragte os selv i de forskellige roller, vi har, og vi overser, at der er mange facetter af os, der hver især har forskellige behov og ønsker. Det er vigtigt, at vi tilgodeser hver og en af dem, og at vi værdsætter og elsker dem!

Hvis du øver dig i at tænke på dig selv ved brug af positive, opmuntrende og kærlige ord, og når du husker at værdsætte dig selv med alle de finurlige, smukke, vidunderligt underlige, dejlige og enestående facetter, som du består af, så bliver du rigtig god til at stå ved dig selv, og du bliver lige så stærk som et gammelt egetræ og lige så stolt som en svane.

## Tag på refleksionsrejse

Find nogle farveblyanter og et stykke papir frem, og tegn dig selv. Vælg især farverne med omhu. Tænk over, hvilke farver, der bedst repræsenterer de forskellige dele af din krop, og det tøj, du har på, hvis du da ikke er nøgen på tegningen. Du kan også vælge de farver, som du er omgivet af...

## Tag på refleksionsrejse...igen

Tænk lidt over, hvad du ville skrive på skiltet, hvis du skulle sælge dig på et loppemarked.

Skulle der stå:

| | | |
|---|---|---|
| - Alenemor | eller | - Erfaren kvinde med børn |
| - Arbejdsløs | eller | - Er steget af stress-toget |
| - Bor i en lille lejlighed | eller | - Har lært, at ting ikke gør lykkelig |
| - Tidligere alkoholiker | eller | - Stærk, kriseerfaren kvinde |

Listen er endeløs. Det handler om øjnene, der ser, og om de ord, som du bruger til at beskrive dig selv. Der er stor chance for, at du ville ende med at skrive et skilt, som end ikke ville få den mest desperate til at købe dig. Sådan er vi mennesker nu engang indrettet – vi er ikke ret søde ved os selv.

Tegn og skriv dit skilt – og prøv så at læse det med en udenforståendes øjne bagefter. Tror du, at du har vækket denne persons interesse som fremtidig kæreste, ven eller veninde, kollega, nabo, eller hvad det nu kan være?

# Tag på en visuel rejse

Forestil dig, at du står alene ved et stort bål. Ilden lyser flot op i det ellers uendelige mørke. Alt er stille, dejligt stille. Du lukker øjnene og trækker vejret dybt i den stilhed. Da du åbner øjnene igen, ser du, at du ikke længere er alene. Sammen med dig, rundt om bålet, står en masse kvinder. Du genkender dem alle. De ligner dig på en prik. De *er* dig. Du står dér ved bålet sammen med alle de forskellige facetter, der udgør dig. Alle dine dele. Alle dine roller. Tilsammen er alle I kvinder én person. Du ser dig omkring. Derovre står hende, der er mor, i typisk mor-tøj og med uglet hår. Ved siden af står den dig, der går på arbejde. Hun er anderledes klædt på og har en pæn frisure. Måske en fure i panden. Derovre står hende, der er kæreste eller hustru. Hun er måske nøgen. Og ved siden af hende ser du hende, der er kreativ, med pensler i håret og farveklatter på skjorten. Hvem er der ellers? Lige over for dig står en, der skiller sig ud. Hun er mindre end de andre. Det er dit indre barn. Hun ser ud som dig, da du var lille.

Du tager de to kvinder, der står ved hver side af dig, i hånden, og de tager den næste kvinde i hånden. Snart holder I allesammen hinanden i hånden, så I kan mærke hinanden, og I står tæt sammen omkring bålet, der brænder stille og konstant som en indre flamme i jeres midte.

Du begynder at summe en vilkårlig tone, og de andre stemmer i. Hver og en summer sin egen tone, men snart finder I sammen om én. Du mærker, hvordan jeres tilstedeværelse, jeres nærhed, bliver mere og mere intens. I bliver én. Imens I står der, åbner du øjnene. Du ser på hver enkelt version af dig selv i denne særlige kreds. Læg mærke til hver kvindes kropssprog og ansigtsudtryk. Ser du smil? Tårer? En sammenfalden ryg? Anspændthed? Ro? Se så længe på hver af dine facetter, indtil du kan mærke, hvordan du har det som den facet og i den rolle.

Til sidst ser du på dit indre barn, som er en helt speciel del af dig, der har brug for ekstra megen opmærksomhed.

Mærk efter....Hvad udstråler hver af dine facetter og dit indre barn? Hvad fortæller deres udseende og kropssprog dig? Hvad ser du, når du går bag om facaden? Hvordan føles det, når du skænker hver eneste af dem din opmærksomhed? Har de brug for hjælp, trøst eller kærlighed?

# Åh, at græde
## - Et indre brusebad

Da du blev født, var noget af det allerførste, du gjorde, at give dig til at græde højt og hjerteskærende. Med din gråd udtrykte du chokket over at være blevet født, og samtidig gjorde du opmærksom på dig selv. Men mest af alt viste du verden, at du var i live...

Efterhånden som du blev ældre, græd du mindre og mindre. Måske sagde de voksne ligefrem til dig, at "Sådan en stor pige som dig græder da ikke!" eller "Det er da ikke noget at græde over!". Og du undertrykte den helt naturlige reaktion, som gråd er, til et punkt, hvor du ikke længere gav dig selv lov til at græde – og hvis, så kun i enrum. Hvor er det ærgerligt...

At græde er nemlig en god, tryg og meget nærværende måde at udtrykke sine følelser og tanker på. Det er en måde at skabe plads til følelserne på for derved at tillade, at de følelser er der. Det er en måde at hilse følelserne velkommen på – især de følelser, som ellers ikke føler sig velkomne hos dig.

Tårer kan få dybe ar på sjælen til at hele hurtigere, uden at du er nødt til at betale en psykolog eller tage piller. Tårer kan få din angst til at synes mindre truende, fordi de er et udtryk for, at du har identificeret og anerkendt din angst – og nu reagerer på den. Gråd kan få din krop til at slappe af, løsne blokader og sende spændinger ud af din krop, som ligeledes udtrykker tanker og følelser. Når du sådan rigtigt hulker din smerte, din angst, din tristhed ud, så giver du samtidig slip på noget af det, der er fortid, men som stadig har en usund og ødelæggende magt over dig. Du går ind i smerten og igennem den.

Når du græder, imens en anden person er hos dig, viser du modigt og nøgent en side af dig selv, som er vigtig, og som gør dig til et helt, smukt og meget mere elskeligt menneske, end hvis du hårdnakket prøver at gemme eller undertrykke dit behov for at græde.

Tårer er som et indre brusebad, en skånsom udrensning, en måde at give slip på. Ved at græde renser du ud og skaber plads til nye indtryk, tanker og oplevelser.

Gråd behøver slet ingen ord eller forklaringer. Du kan græde over noget bestemt eller bare fordi. Giv dig selv lov til at græde og mærk, hvordan tristheden, angsten og de tunge tanker bliver skyllet ud af dig gennem tårerne. At græde er et smukt ritual, som gør dig mere menneskelig. Og tårer, som aldrig bliver grædt, bliver tit til små sten i maven, som gør ondt.

## Tag på en visuel rejse

Tænk tilbage på en situation eller et øjeblik, hvor du kunne mærke tårerne presse sig på eller følte knuden i maven, der plejer at komme, når du er presset eller meget ked af det. Gå ind i situationen igen og mærk, hvordan du havde det.

I stedet for at forsøge at kontrollere tårerne og få dem til at forsvinde ved at tænke: "Tag dig nu sammen!", så prøv i stedet at stoppe op engang og se på dig selv udefra. Gør dig blød og favnende.

Hvordan er din kropsholdning? Hvordan ser du ud i ansigtet? Mon ikke, det kan ses på dig, at du er ked af det, selvom du prøver at skjule det? Se dig selv i øjnene som en god veninde ville se på dig. Og tag så den maske af, som du bærer rundt på. Lad de følelser komme, der kommer. Lad tårerne få frit løb. Drop facaden og tillad endelig dig selv at være den, du er, med de følelser, der i dig lige nu.

Når du er færdig med at græde, og hvis du har lyst, kan du tegne en pige, der er ked af det, eller en, der græder...

Måske er den pige dig?

Hvis du hellere vil græde i enrum, så gem tårerne væk, når du er sammen med andre, men husk at tænke dig tilbage i situationen og lade tårerne få frit løb, når du er alene.

# Drømme
## - Den næste pusteblomst

Noget af det smukkeste ved dig er, at du kan drømme dine helt egne, unikke drømme. Dine drømme er fulde af håb, ønsker, glæde og positiv energi, og når du tænker på dine drømme, får du et smil på læben og måske en dejlig, varm følelse i maven. Dine drømme er drivkraften i dig, de er din næring, dine vitaminer, din enestående hed, din indre musik...

Du gør dine drømme til virkelighed. Åh, det føles så dejligt og rigtigt! Du nyder det hele, er taknemmelig og håber, at livet varer evigt præcist sådan, som det er på dette helt fantastiske tidspunkt. Hvor er det dog skønt, når ens drømme går i opfyldelse!

Men pludselig brister boblen. Der sker noget, der får din smukke, virkelige drøm til brat at slutte, og du vågner op til et andet øjeblik og indser, at din drøm – som den var – ikke kan blive til virkelighed igen i præcis samme form. Du er blevet fyret fra drømmejobbet. Huset skal på tvangsauktion. Din mand vil skilles. Du mistede barnet i din mave. Eller måske har lægerne stillet en alvorlig diagnose. En dejlig tid er forbi. Et smukt kapitel i din Livets Bog er nået til sidste side. Din drøm med alt, hvad den indebar, kom til dig i al sin pragt og fylde, og du fik lov til at nyde den i et stykke tid – men nu er det slut.

Du bliver ked af det, overvældet, chokeret. Måske prøver du desperat at redde din drøm, og ja, det kan godt være, at det lykkes – i det mindste på overfladen.

Det kan også være, at du får din drøm tilbage i en anden form, der ligner den gamle men ikke længere er så ren og skær indeni som før. Din drøm har slået revner og kan ikke repareres, så den bliver hel og fin igen. Måske er din drøm så knust, at den flyver herfra med næste vindpust som tusinde små fnug fra en pusteblomst...

Du står tilbage med livet i hænderne, et hul i hjertet og en masse spørgsmål. Du føler dig vred, såret, uretfærdigt behandlet, forladt, trist og uforstående. Det kan være, at du mærker en stor, tung vrede over for en bestemt person – den person, som du bebrejder for at have ødelagt din drøm. Giv disse følelser plads i dig og giv dem lov til at være hos dig i et stykke tid. Når du føler dig klar til det, så...

## Tag på refleksionsrejse

Det er vigtigt, at du finder ud af, hvad den drøm, som blev til virkelighed men nu er borte, egentlig stod for. Ikke blot det umiddelbare, overfladiske, håndgribelige og materielle, men de behov og ønsker, som lå bag. Hvad gav den person dig, som nu er væk? Hvilke positive følelser vækkede han eller hun i dig? Eller hvilke sider af dig selv blev fremelsket i det job, i det hus eller i den livsstil, som nu er gået tabt? Find frem til, hvad det virkelig er, du har mistet og savner, uden at hænge fast i minderne om "hans smukke, blå øjne" eller "den dejlige pool i haven" eller "min gode løn". Alt dette er overfladisk og gør bare ondt. Prøv i stedet at finde ind til de dybereliggende behov og ønsker, som du fik opfyldt herigennem. Det kan være, at du kommer frem til noget med at føle sig hjemme, tryghed, at være elsket, at føle sig nyttig eller sikkerhed.

## Tag på en visuel rejse

Når du har fundet frem til, hvad det virkelig er, du mangler nu – og det kan godt tage et stykke tid – så prøv engang at besøge hvert ord og begreb et ad gangen. Luk øjnene, træk vejret dybt og besøg så det første ord. Sig det højt. Forestil dig, hvordan ordet ser ud.

Læg mærke til de billeder, der kommer til dig, når du udtaler og hører ordet, og mærk efter, hvordan ordet føles i kroppen. Vær ved ordet i stilhed og taknemmelighed, indtil du ser billeder af andre associationer, personer og situationer end dem, der minder dig om det, der ikke længere er. Selvom dine billeder måske sidder meget fast i det, der var, i starten, så bliv i dem. Vend tilbage til dit ord igen og igen, og prøv at åbne dit hjerte for nye og andre impulser.

Du vil opdage, at hvert ord kommer til dig med nye ideer til, hvordan du kan genskabe den tilhørende følelse i dit liv på en anden måde. Måske opdager du, at tryghed for dig ikke kun er ensbetydende med at være i et parforhold men også kan være rare stunder sammen med dine børn eller dine veninder, at have et godt arbejde eller såmænd bare at sidde hjemme i lænestolen med en god bog.

Det kan også være, at du finder ud af, at en pool i haven ikke er den eneste mulighed for at leve et liv i luksus og kunne holde havefester for vennerne.

Mulighederne er mange, og du vil kunne finde nye billeder for ethvert ord og enhver følelse.

Så snart du har indset, at den person eller den del af dit liv, som er væk, ikke er den eneste måde at virkeliggøre din drøm på, så har du formået at adskille din drøm fra den person eller omstændighed, som du bebrejder for at have fået din drøm til at briste. Ved at indse, at din drøm ikke er afhængig af det, som nu er væk, men derimod kan skabes *af dig* i en lignende men anderledes – og måske endnu mere enestående og smuk – version, så er du nået dertil, hvor du har mulighed for at vælge. For den mulighed har du.

Du kan vælge at give den person eller omstændighed, som du bebrejder, magten til at få dig til at opgive din drøm helt. Så sidder du godt og grundigt fast i bitterhed, vrede og offerrollen, og du behøver ikke længere at tage ansvaret for dine drømme, for de vil lige så stille visne og dø. Men du kan også vælge at tage din drøm tilbage og med kærlig omsorg sørge for, at den drøm kan ånde, spire og vækkes til live igen igennem dig, igennem andre mennesker og igennem andre muligheder, som uundgåeligt vil vise sig på din videre rejse ud i livet – hvis du vil.

## Tag på en visuel rejse...igen

Forestil dig, at du står foran spejlet derhjemme. Ret ryggen og se dig selv i øjnene. Sig så til dig selv: "Jeg tager hen og henter min drøm tilbage nu." Forestil dig, at du tager hen til den person eller tilbage til den situation, som ikke længere er en del af dit liv. Kræv at få udleveret din drøm med det samme. Forestil dig, hvordan din drøm ser ud – måske er det en stor glaskugle, måske en kiste, måske noget helt andet. Forestil dig, at personen eller situationen rækker dig din drøm, og at du nænsomt tager imod den og skjuler den under tøjet helt tæt på dit hjerte. Sig tak til personen eller situationen, ønsk den alt vel, og tag så hjem med din drøm. Du har hentet en vigtig del af dig hjem, og du er hel igen. Du har taget din drøm tilbage og dermed givet den en ny chance for at blive til virkelighed...

Hvis du vil, kan du finde et sted i dit hjem, hvor din drøm kan stå i form af en smuk blomst, en engel eller noget andet, der symboliserer den.

# I dit indre
## - Hjertet og flammen

"Hvordan går det?", spørger vi hinanden. "Godt!", svarer du. Det er dog ikke altid, at spørgsmålet er andet end høflighed, og det er heller ikke altid, at du svarer ærligt. I dagligdagen, når du lige møder naboen på trappen eller sludrer i et par minutter med kollegaen, er det fint nok, men af og til er det en god idé at stille sig selv det samme spørgsmål og bruge en stille stund på virkelig at mærke det ærlige svar. Nu kan det jo godt synes lidt uoverskueligt at undersøge, hvordan du har det, for der er så uendeligt mange dele og facetter af både din krop og din sjæl, der medvirker til dit velbefindende, men hvis du prøver at fokusere på dit indre – kernen – i dig, så kan du få et fingerpeg om, hvordan det står til med dig.

Det ene sted, der kan give et ærligt billede af dit velbefindende, er dit hjerte. Her bor din grundstemning, som kan være glæde, håbefuldhed, sorg, angst eller noget helt andet, og denne stemning genspejles ofte i din dagligdag og i det, der sker i dit liv. Hvis du kender din grundstemning og kan mærke, hvordan dit hjerte har det, så er du meget bedre rustet til at forstå dig selv, være god ved dig selv og håndtere det, der foregår i dit liv på både godt og ondt, og du vil være i stand til langsomt at ændre din grundstemning eller reparere dit hjerte, hvis der er noget, der ikke er, som du ønsker det, derinde.

Den anden del af din kerne, som er meget vigtig, er din indre flamme...din livsgnist. Den er et udtryk for, hvor tæt du er på dig selv og dine drømme. En høj, kraftig flamme er et tegn på, at du har fundet hjem og lever i god balance med dig selv og med dét, som du har brug for og vil. En lille, svag flamme fortæller dig, at der er noget, der holder dig tilbage, så du ikke kan udfolde dig.

Du kan rejse ind til både dit hjerte og din indre flamme. Tag med på en rejse til dit indre...

# Tag på en visuel rejse

Til denne visuelle rejse skal du sætte eller lægge dig et sted, hvor der er dejligt varmt. Sæt dig i solen et sted i naturen, slå dig ned foran pejsen eller pak dig ind i et tykt, blødt tæppe. Brug et øjeblik på at rette din opmærksom mod din krop og fokuser især på din mave. Læg hænderne på maven, venstre over højre, og træk vejret dybt et par gange. Forestil dig, at du skaber en lillebitte version af dig selv gennem dine rolige åndedrag. Den lille dig klækker fra dit hjerte som en lille kylling fra ægget, og derfra går du ned til din mave. Her er en lille dør ind til dit indre, som du åbner og går igennem. Du er nu i det rum, hvor din indre flamme bor. Du lukker langsomt døren bag dig og ser på din indre flamme. Hvordan ser den ud? Er den stor og buldrende eller lillebitte og flakkende?

Er den gul, orange, rød eller en helt anden farve? Hvis din indre flamme er lille, svag og flakkende – eller måske endda er gået helt ud – kan du prøve at finde ud af, hvorfor. Hvad eller hvem mon det er, der slår flammen ned? Er det dig selv, eller står der et andet lille menneske ved siden af flammen, som er klar til at trampe på enhver lille, ny glød, der dukker op? Hvis der er nogen, så spørg ham eller hende, hvorfor de vil slukke din ild. Du kan også spørge din indre flamme, hvad den har brug for, hvis den skal blive stor, kraftig og varmende.

Prøv også at tænke på nogle af de ideer, ønsker og håb for fremtiden, som du bærer i dig. Hvad sker der med din indre flamme, når du forestiller dig disse positive oplevelser?

Når du føler dig klar, så tag afsked med din indre flamme og lov den, at du snart kommer forbi igen. Sig også farvel til de andre små mennesker, der måtte være i rummet. Gå ud af døren og luk den forsigtigt bag dig.

# Tag på en visuel rejse...igen

Sæt dig godt tilrette et sted, hvor der er stille og rart at være. Træk vejret dybt et par gange og forestil dig, at du skaber en lillebitte dig ved hjælp af dine rolige åndedrag. Lad den lille dig hoppe ind i din mund, ned igennem din hals og ind i dine blodårer. Lad dig flyde med strømmen, indtil du ender lige foran dit hjerte. Brug et øjeblik på at lade alle dine sanser suge til sig af indtryk. Hvordan ser dit hjerte ud? Hvilken farve har det? Er det ensfarvet, eller er der områder med andre farver, skygger eller måske revner? Er det stort eller lille i forhold til dig?

Ræk en hånd ud og rør ved dit hjerte. Hvordan føles det? Blødt? Hårdt? Klistret? Varmt eller koldt?

Tag en dyb indånding for at finde ud af, om dit hjerte har en særlig duft. Måske dufter det af noget sødt, måske af blod, måske af noget helt andet.

Hvordan arbejder dit hjerte? Hvordan lyder det? Synes du, at det larmer meget, eller er det stille? Pumper det regelmæssigt?

Det kan være, at du også opdager noget andet helt specielt ved dit hjerte. Måske drypper der noget ud af det et sted, eller måske ser du, at dit hjerte ikke er rigtigt forbundet til de andre dele af din krop, der er i nærheden. Hvis der er noget, som virker forkert, eller som du ikke synes om, kan du spørge hjertet, hvorfor det er sådan. Hvis du lytter rigtig godt efter, kan du helt sikkert høre dit hjerte fortælle dig, hvad det har brug for, så det kan hele. Vær opmærksom og lær dit hjerte godt at kende, inden du siger på gensyn og svømmer tilbage til munden og hopper ud af din krop igen.

Du kan gemme alle disse indtryk ved at skrive dem ned eller tegne dit hjerte på et stykke papir.

Hvad mon dit hjerte fortæller dig om dit velbefindende?

# Når du er ankommet
## - Hør din indre stemme

Hvis du en dag sidder i sofaen pakket ind i et blødt, lunt tæppe med en velduftende kop te ved siden af dig og har lyst til at skrive eller tage på refleksionsrejse eller en visuel rejse, men der falder dig intet ind, andet end alt det, som du allerede har fundet frem til ved hjælp af de foregående sider, så kan du med ro i sindet sige, at du har taget en rigtig god snak med dig selv.

Men livet ændrer sig. Du ændrer dig. Derfor kan du med fordel tage på disse rejser igen efter et stykke tid, når du får lyst, og sandsynligvis finder du oplevelser og svar, der er lidt anderledes, end sidste gang du var afsted.

Det kan også være, at din sjæl er i balance, er glad og tilfreds, og er klar til blot *at være* uden at have brug for at sætte flere ord eller billeder på.

## *Lyt efter...*

Læg hænderne på solar plexus – venstre over højre – luk øjnene og træk vejret dybt et par gange. Mærk roen falde over dig. Prøv at mærke efter, om der er noget indeni dig, som rumsterer og gerne vil ud, eller om din krop er rolig og i balance. Prøv at lytte efter, om du kan høre din indre stemme, og om den har noget vigtigt at sige til dig i dag.

Denne lille lytteøvelse, som kun tager et par minutter, er en dejlig måde at sige godmorgen til dig selv på hver dag, for så ved du, at du altid er tæt på dig selv og hører, hvad din indre stemme har på hjerte.

# Et lille eventyr...

...som gerne vil minde dig om, at selvom der er noget, der lokker og kalder og ser så fantastisk ud – noget, som du ikke har, men som naboen har – så er det alligevel tit det liv, som du har opbygget, der passer bedst til dig lige nu og forankrer dig i dit indre og ydre hjem.

## Sneglen, der ville prøve noget nyt

Der var engang en fin, lille, lysebrun snegl med sneglehus på ryggen. Den havde sin gang i en skov og var en nysgerrig, kvik snegl, der var kendt blandt de andre snegle for at kunne komme hele vejen fra den store, væltede birketræsstamme i lysningen til bækken på den anden side af stien på blot én dag.

Sneglen var ung og så fuld af liv og nysgerrighed, at de andre snegle virkelig havde svært ved at følge med – både når den bevægede sig, men også når den filosoferede over livet, hvilket den tit gjorde. Især tænkte den meget over, om en snegl egentlig altid føler sig hjemme? Om den altid er hjemme, også når den er langt hjemmefra, når den nu altid har sit hus med. Men mest af alt tænkte sneglen over, hvorfor den mon havde det der sneglehus. Hvem havde mon bestemt, at en snegl skulle bo i et sneglehus og ikke et andet sted?

En dag bestemte den lille, nysgerrige snegl sig for at drage ud og finde svar på disse vigtige spørgsmål. Den ville prøve noget nyt! Den ville prøve at bo som nogle af de andre dyr, den kendte, som havde store huse, flotte huse, træhuse, hus med svømmepøl, huse tæt på stjernerne og huse i den varme, hyggelige jord. Tænk, om den følte sig mere hjemme og bedre tilpas i et af de andre huse! Tænk, om den faktisk gik glip af noget ved bare at bo i sådan et lillebitte sneglehus uden vinduer og kakkelovn og udsigt....

Sneglen spændte sit sneglehus af, lukkede døren og gravede sneglehuset ned i muldjorden, så det ikke skulle blive trampet i stykker eller stjålet, imens den var væk. En flygtig tanke strejfede sneglen, da dens sneglehus forsvandt ned i jorden. Hvad nu, hvis den blev så begejstret for at bo et andet sted, at den aldrig mere ville vende tilbage til sit sneglehus? Sneglen rystede let på hovedet, så følehornene gyngede fra side til side, og så gav den sig selv et lille skub bagi. Så, afsted!

Først mødte sneglen regnormen, der lå og solede sig ved siden af en busk. "Goddag, kære regnorm", sagde sneglen friskt. "Jeg er draget ud i verden for at prøve noget nyt! Må jeg prøve at bo i dit hus?" Regnormen bevægede døsigt sin ene ende, så forundret på sneglen og sagde: "Ja, selvfølgelig, men hvor er dit sneglehus?" Sneglen svarede: "Det har jeg spændt af og gemt derhjemme. Ellers kan jeg jo ikke finde ud af, om det er bedre at bo et andet sted." Den nat sov sneglen i regnormens jordhule. Regnormen havde stolt fortalt, at dens hus var lunt og perfekt fugtigt, omend lidt trængt og mørkt. Sneglen glædede sig til at bo i et hus i syden – altså nede i den lune, fugtige jord, der duftede af varme. Da den vågnede næste morgen, følte den sig veltilpas og veludhvilet, men alligevel var den lidt tungsindet. Alting føltes så indelukket dernede i jorden!

Sneglen sagde tak til regnormen og drog videre. Samme aften var den nået ned til den brede del af bækken, hvor bæveren boede. "God aften, kære bæver", sagde sneglen. "Jeg er draget ud i verden for at prøve noget nyt! Må jeg prøve at bo i dit hus?" Bæveren blev irriteret over at blive forstyrret i sit gnavearbejde, og den undrede sig over, hvor sneglens sneglehus var, men den indvilligede i at lade sneglen prøve sit hus. Sneglen kiggede sig omkring i det kæmpestore hus med den uendelige svømmepøl lige uden for døren. Så megen plads! En svømmetur hver morgen! En kølig dukkert, når varmen blev for meget! Sneglen følte sig meget heldig og nærmest kongelig, da den gik i seng i al den luksus, og den sov godt. Da den vågnede næste morgen, nød den at kunne strække sig uden at støde på væggene, men det blev ikke til noget med den morgensvømmetur, for det var alt, alt for koldt. Og så havde sneglen jo lige glemt, at den ikke kunne svømme. Ærgerligt.

Sneglen sagde tak til bæveren og drog videre ud i verden. Den sendte en tanke til sneglehuset, som jo lå begravet i muldjorden, og et sug i maven fik den til at stoppe op et øjeblik. Hvad var nu dét? Hjemve? En bange anelse? Spænding? Eller bare sult?

Senere kom sneglen til en bi, der var ved at suge nektar ud af en blomst. "Goddag, kære bi", sagde sneglen høfligt. "Jeg er draget ud i verden for at prøve noget nyt! Må jeg prøve at bo i dit hus?" Bien summede og fløj lidt rundt og rundt, inden den satte sig på en markblomst ved siden af sneglen. "Ja, selvfølgelig, men hvor er dit hus?", spurgte den. "Det har jeg spændt af og gemt derhjemme, for ellers kan jeg jo ikke finde ud af, om det er bedre at bo et andet sted", svarede sneglen. Bien fløj forrest og viste sneglen vej til bistadet. Den travle bi var lige ved at miste tålmodigheden med sneglen, som bevægede sig meget langsommere end bien, men til sidst ankom sneglen til biens hus, hvor den blev venligt modtaget af tusindvis af andre bier. Åh, sikken en udsigt! Og alle de rare bier, der hilste pænt på! Hvor hyggeligt med al den selskabelighed! Den nat lå sneglen og kiggede ud igennem hullet i taget og var benovet over synet af alle de funklende stjerner på himlen. Den lå faktisk vågen hele natten, men det var ikke, fordi den kiggede på stjernerne, for efter et stykke tid dækkede skyerne hele det flotte stjernetæppe til. Nej, sneglen fik ikke lukket et øje, fordi der var sådan en aktivitet og støj i bistadet.

Næste morgen slæbte sneglen sig meget, meget langsomt hen til sin ven, bien, takkede for gæstfriheden og drog afsted igen. Da den endelig havde fast græs under sig igen, faldt den i søvn af bar udmattelse, og den sov hele dagen og vågnede først, da det igen var blevet mørkt. "Åh nej!", tænkte den forfærdet. "Skal jeg da overnatte her i det fri, midt på en eng, uden hverken sneglehus, jordhule, bæverbo eller bistade? Lige her, uden noget over mig, der kan holde mig tør, hvis det bliver regnvejr?" Sneglen så sig fortvivlet om. Den så kun mørke, intet andet." Nu sidder alle de andre dyr derhjemme i deres huse, hvor der er trygt og godt. Og jeg er draget ud i verden uden mit sneglehus for at prøve noget nyt og finde ud af, om det er bedre at bo et andet sted. Og nu bliver jeg nødt til at overnatte i det fri!"

Den nat blev den længste nat i sneglens liv. Den hørte ukendte lyde, der gjorde den bange, og så lysende øjne, der sneg sig igennem buskene natten lang. Vinden tog til, og det blev så koldt, så koldt. Da de første, spæde solstråler ramte sneglens rystende krop næste morgen, græd den af glæde og taknemmelighed. Åh, en solstråle! Hvilken lykke! Tænk, at en solstråle kunne bringe sådan en glæde! Sneglen fandt en genvej og kom snart tilbage til stedet, hvor sneglehuset lå begravet. Med sine sidste kræfter gravede den sneglehuset op, spændte det fast på ryggen og så sig om i det lille, fine, velkendte hus. "Endelig hjemme", sukkede den glad og faldt straks i søvn.

**Lidt at tænke over**

**Om at komme hjem**

# Hvem er du, og hvad står du for?

- Hvilke ord beskriver bedst dig og din personlighed?
- Hvorfor er din yndlingssang din yndlingssang?
- Hvilken årstid kan du bedst lide?
- Hvornår har du sidst sagt din ærlige mening?
- Hvilke sider af dig selv kan du bedst lide?
- Hvad kan gøre dig pinligt berørt?
- Hvad er kærlighed?
- Er du god til at sige "Jeg elsker dig"?
- Hvad er du rigtig, rigtig god til?
- Hvilke af dine ejendele kunne du give væk?
- Hvad har du opnået i dit liv, som du er virkelig stolt af?
- Hvad kunne du godt tænke dig at lære?
- Hvordan ser din drømmebolig ud?
- Hvordan vil du gerne have, at din begravelse bliver holdt?

## Er du tæt på dig selv?

- Hvor tit lytter du efter, hvad der rører sig i dig?
- Hvorfor læser du den her bog?
- Hvis du skulle skrive en bog om dig selv, hvad skulle den så hedde?
- Hvad handlede din sidste natlige drøm om, og hvad mon den betød?
- Hvilke hemmeligheder har du?
- Er du glad for at være dig?

*Verden er et smukkere sted,*

*fordi du er i den...*

# Tak

På min egen rejse har jeg mødt mange mennesker, som viste sig at være vigtige læremestre og mentorer for mig. Uden dem, ingen mig. Jeg vil gerne sige tak til alle jer, der har været med til at gøre mig til den, jeg er, gennem jeres dybe kærlighed, jeres støtte, jeres tillid til mig, men også gennem de udfordringer, som I har stillet mig overfor. Tusind tak, fordi I guidede mig i den retning, som er min, og tak, fordi I har givet mig indsigt i, hvad det vil sige at være til stede i livet. I har åbnet mine øjne og mit hjerte.

En særlig tak til Margot, Rikkemaiah, Pernille og Ann Louise, som under hele bogskrivningsprocessen har bidraget med konstruktive kommentarer og hjertevarme. Tak til Eckhard for det smukke omslag.

Tak til min kære familie i Danmark, til Stefan og til Emily og Benjamin. I er mine største kilder til ro, livsglæde og kærlighed, og jeg er så taknemmelig for, at vi har hinanden.

# Om mig

Jeg er 46 år, mor til to, forfatter og freelance-oversætter på fire sprog. Jeg har rejst meget både i verden og i livet, og jeg har oplevet både solopgange og sorte nætter. Jeg dyrker yoga, mediterer og bruger megen tid i naturen. Jeg er saxofonist, salsadanser og recyclingkunstner, og så har jeg skrevet dagbog, digte, sangtekster og eventyr, siden jeg var syv, så ord og visualitet har altid fyldt meget i mit liv.

Du er meget velkommen til at følge mig her:

*www.selvrefleksionforkvinder.com*
*Facebook: Selvrefleksion for kvinder*

CPSIA information can be obtained
at www.ICGtesting.com
Printed in the USA
LVHW022329220920
666821LV00006B/883

9 788743 027744